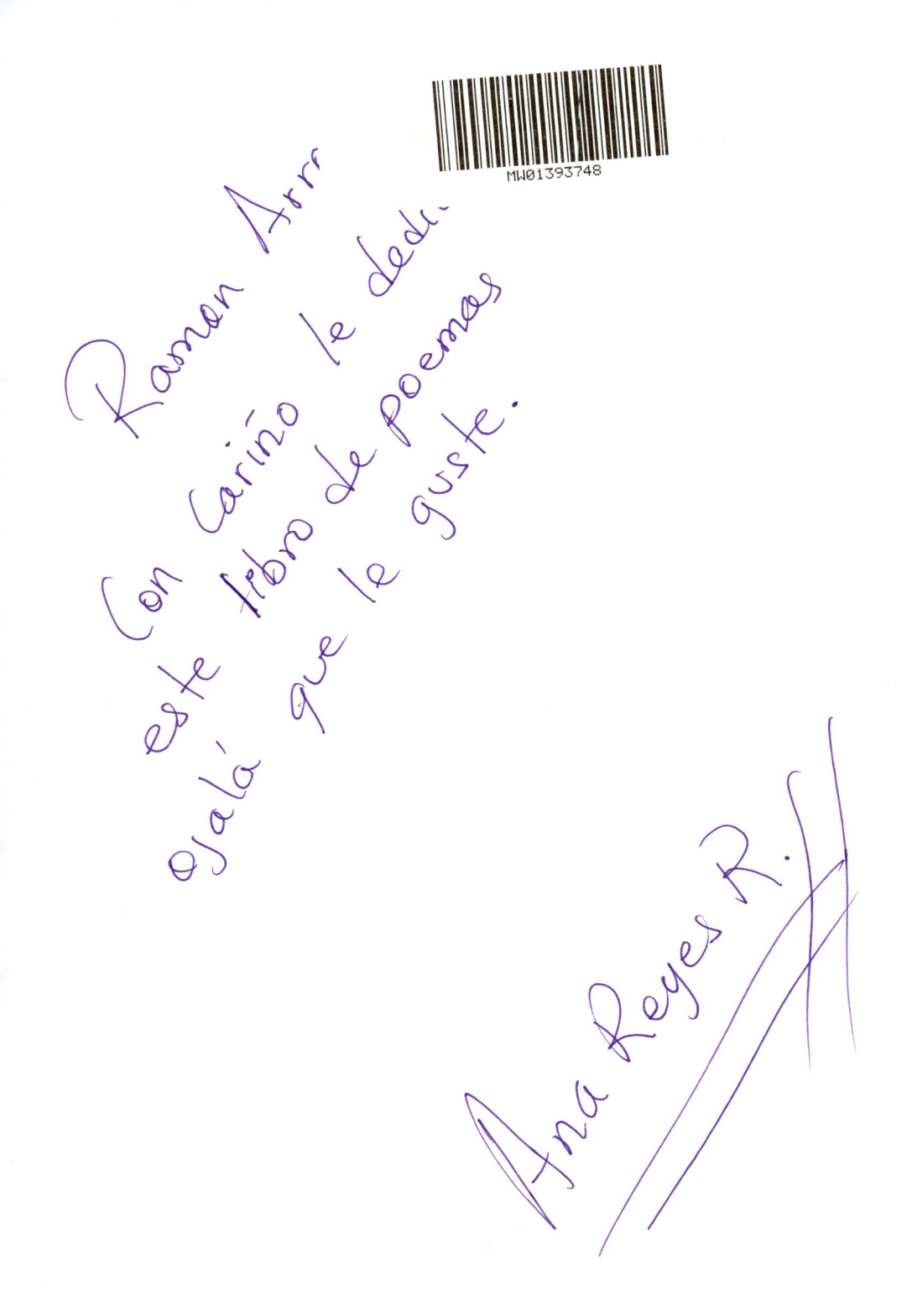

Ramon Arr
Con cariño le dedi...
este libro de poemas
Ojalá que le guste.

Ana Reyes R.

Un despertar en POESÍA

Ana Reyes R.

Un despertar en poesía
Copyright © 2021 Ana Reyes R.
Todos los derechos reservados.

Ninguna parte de este libro podrá ser reproducida en cualquier forma o por cualquier medio sin la autorización previa por escrito de la editora, excepto por los fragmentos breves citados en reseñas y críticas literarias.

ISBN: 978-1-63765-057-8

Eugenio Sue 79, Int. 104, Colonia Polanco,
Ciudad de México, México 11550
México: 55-5250-8519
www.holapublishing.com

Impreso y encuadernado en los Estados Unidos de América

Dedico este libro a los maestros que comparten sus conocimientos, a los alumnos que reciben los conocimientos, a los soñadores que despiertan del sueño, a los poetas que reparten versos y a las musas que salen al encuentro con la inspiración.

Introducción

Un despertar en poesía es eso, un despertar a lo que realmente somos.

A través del tiempo que conocemos como lineal, los seres humanos hemos tenido encuentros con ese Ser Interior que no es más que nuestro espíritu creador, ese que está hecho a imagen y semejanza de nuestro Dios Amor.

Todos los seres somos espirituales por naturaleza, y esa es una verdad que no cambia. Mientras más nos adentremos en ese mundo interior, más nos daremos cuenta del potencial que hemos heredado y que nadie nos lo puede quitar ni cambiar. Nos aferraremos a la potencialidad que nuestro ser posee, y eso nos llevará a crear cosas extraordinarias que hasta nosotros mismos nos sorprenderemos.

Este libro es una muestra de lo que estoy hablando, en el transcurso de mi vida he estado en una búsqueda continua de mi Ser Interior, que me ha llevado a la investigación y al desarrollo humano.

He tenido muchos maestros que me han ayudado a entender este misterio de la vida, puedo decir que gracias a lo que ellos me han enseñado, tanto en sus cursos como en sus libros, he entendido mejor la importancia del desarrollo personal.

Este aprendizaje no ha llegado a su final, puedo decir que éste es el principio o la continuidad de este camino, que mientras siga viva, implementaré estos conocimientos hacia nuevas experiencias.

"En esta era de información, la ignorancia es una elección" (Joe Dispenza).

Gracias a ti, amigo lector, por tener mi inspiración en tus manos, hazla tuya, úsala para armonizarla con tus propias historias y puede que sea una fuente de ideas para que tú mismo puedas crear o expresar tus propios relatos. Así, quedarán plasmadas para que otros seres se conecten y también expresen sus vivencias.

Este libro sólo tiene una intención: compartir contigo el encuentro con mi Ser Interior que me llenó de inspiración y me llevó a realizar este sueño. Este libro no lo hice yo sola.

El proceso no se detiene, sigo viviendo y a mi vida llegarán nuevas experiencias, nuevas etapas de aprendizaje, nuevos proyectos, nueva dicha y, ¿por qué no?, nuevas formas de cómo vivir mejor.

La poesía es uno de los tantos medios de expresión utilizados por el hombre desde hace muchos siglos. Con la poesía nos enamoramos, nos ilusionamos, e imaginamos; por medio de ella, expresamos nuestros sentimientos, vivencias, inspiraciones y revelaciones.

Gracias, querido lector. ¡Disfruta tu lectura!

Nuestro libro...

Índice

Introducción	7
Poemas al ser interior	17
Estado del Ser Interior	22
Lo que soy	24
Mi naturaleza	25
Estar alerta	26
Me siento conectada	27
Paz interior	28
Realidad innata	30
Viaje a mi interior	32
Soy abundante	34
Soy	35
Soy real	36
Ya no soy la misma	39
Verdades trascendentales	41
Búsqueda interior	43
Despertar de la conciencia	44
Conciencia Pura	46
Despertar	48
La fuerza vital	49
Conciencia y vida	50
La fuerza que genera poder	52
El tiempo se paraliza	54
Encuentro conmigo misma	55
Eres todo	58

Eres brillante	60
Belleza y verdad	61
Experiencia y coherencia	63
Ser o hacer	66
Todo es uno	68
Inspiración	69
Viviendo lo que somos	71
Revélame	73
Todo lo que soy	75
La naturaleza se expresa	76
Valores	77
No sólo soy	79

Poemas al amor — 81

El Amor	83
El Amor es	84
¿Es Amor?	85
Que ¿qué es el Amor?	87
Tu Amor	89
Tú me dices	90
Me dices "¡te extraño!"	91
Mi corazón no entiende	92
Una clase de Amor	93
Día del Amor	95
De vez en cuando	96
La llamada del Amor	97
Dime	99
Amor eléctrico	100
Para saber de amores	101

Amor multiplicado	102
Quiero que sepas	103
Esos versos	105
Lo que eres	107
Romance de sueños	108

¿Amor o Ego? — 109

La encrucijada	112
Desahogo	113
Mente activa	114

Desapego — 116

Mis hijos no son míos	119
Carta a mis hijos	120
Te dejo libre mi Amor	122

A la felicidad — 124

La felicidad	126
Hoy	128
Felicidad retrasada	130
¿Qué es la felicidad?	132
De adentro hacia afuera	136
Equilibrio y flexibilidad	138
Las pequeñas grandes cosas	141
Te quedas a mi lado	144
Sueños en versos	145

La tristeza — 147

La tristeza	150
Todo eso pasará	153
Vuelve mi amiga tristeza	154

Mi alma recupera la calma — 156

Vivencias — 158

El bullicio de la ciudad — 160
La llamada a la paz — 162
Vivir en soledad — 164
Una estrella bailarina — 165
Cielo gris — 166
Tengo una nota — 167
Mi corazón está lleno — 169
Él y la son: ELLA — 171
Continúo mi camino — 173
El Sol juguetón — 174
Un nuevo día nos espera — 175
Mi cambio — 176
Mi jardín — 177
Entre el cielo y la mar — 179
Mar — 180
Mi familia — 183
Se nos cayó el avión — 184
Un día lluvioso — 185
Tierra — 186
Noche callada — 188
Mis manos — 189
¿Dónde está la inspiración? — 190

A ti, mujer — 192

Mujer — 194
Lo que soy ahora — 197
¿Te cuento un cuento? — 199

Mamá	201
Soy mujer nuevamente	202
Para los hombres	204
Papá	207
Hombre	208
Padre	210
Estaciones del año	211
Cuando la primavera vuelve	213
Verano caluroso	215
Tiempo de otoño	216
Llegada del otoño	217
Invierno	218
Creatividad	219
Talento	222
Aquí te espero	224
Me cambiaste tu cielo	225
Me observo	227
Vivir como niños	228
Mi poeta	230

A la amistad — **232**

Amigo	235
Alegría de vivir	237
Quiero tener una Amiga	238

Poemas varios — **239**

Mar inmenso	241
Mi Amor no tiene señal	242
Yo quiero sentirte	243
Tus besos	244

Pasión de sueños — 245
¿Por qué te nombro? — 247
Sueño, laberinto o realidad — 249
Sueño contigo — 252
Un adiós — 253
Pinté el Amor — 254
Ven, y cuéntame un cuento — 256
Relativo — 258
Prisioneros en casa — 259
Cuando tú no estás — 260
A mis maestros — 261
Soy el observador — 264
Enric Corbera — 267
Alimenta tu cerebro — 270
Sinfonía y ritmo — 273

Reflexiones — 276

Condicionamiento — 278
Dualidad — 280
Paciencia — 282
¿Qué hay más allá? — 283
Quiero una vida — 285
Rendirse a lo que es — 286
Sé coherente — 288
Agradecimientos — 291

Poemas al Ser Interior

En la quietud podemos conectar con nuestro Ser Interior, y cuando eso sucede, nuestra vida cambia. Empezamos a atraer experiencias que nos llevan al disfrute de una vida plena, es ahí donde creamos nuestras vivencias.

Cuando descubrimos lo que verdaderamente somos, ya no hay dudas ni mucho por hacer, sólo nos toca vivir lo que la vida nos ofrece.

Este poema fue inspirado mientras leía el libro *Deja de ser tú* del Dr. Joe Dispenza.

Es una obra para transformar nuestra vida. Es una guía científica y práctica de cómo lograr cambiar nuestros programas inconscientes, dejando de ser el antiguo yo para empezar a ser ese yo libre de historias pasadas, libre de traumas.

Nos lleva paso a paso a crear nuestra nueva realidad. Cuando vivimos en el pasado, creamos una vida llena de sufrimientos, juicios, culpabilidad, y es un círculo vicioso que se repite muchas veces.

Nos olvidamos de quiénes somos y de dónde venimos, pero al interiorizar en nosotros mismos, vamos recuperando nuestra esencia verdadera, la que nunca perdemos, sólo olvidamos. Mientras tengamos vida, no hay nada que no podamos superar.

Un curso de milagros también nos lleva a recuperar nuestro estado de Ser Interior y nos dice: "Hijo mío, lo único que necesitas es recordar quién eres porque lo has olvidado".

"El estado del Ser Interior" es uno de mis poemas favoritos, espero que lo disfrutes tanto como yo.

Estado del Ser Interior

Vivo en mi estado de creación,
es mi estado del Ser Interior.
La vida me sorprende en acción,
me deja que me exprese por Amor.

El cuerpo es uno y sólo abarca
un porcentaje pequeño de su masa.
La parte energética se embarca
en lo que no se ve ni se palpa.

Mis pensamientos son energía
que puede influir en la vida mía.
Si lo que quiero es cambiar de sintonía,
cambiaré mis pensamientos noche y día.

El cerebro es otra parte de mi todo,
el que mide de mi ser la inteligencia,
que si sólo lo alimento con chatarra,
va bloqueándose así esta conciencia.

Por lo pronto yo voy desaprendiendo
lo aprendido en mis años de inconciencia.
Si consciente yo estoy de lo que aprendo,
mi cerebro recobrará su inteligencia.

Reconozco que he estado programado.

Los programas en sí son mis creencias,

que se expresan en el cuerpo abandonado,
enfermándolo y hundiéndolo en dolencias.

Los seres humanos siempre estamos en nuestra búsqueda, llega el momento en que nos empezamos a preguntar: "¿Quién soy?" "¿De dónde vengo?" "¿A dónde voy?" "¿Cuál es mi propósito en la vida?"

Estos poemas que siguen son algunas de las tantas respuestas que he encontrado en este caminar. El momento presente es la clave. Cuando nos enfocamos en él, nuestro caminar es más simple y avanzamos mucho más rápido. La evolución nos espera al otro lado del río porque tenemos la certeza de que lo cruzaremos.

Lo que soy

Buscaba afuera lo que me faltaba.
Qué decepción, no lo encontré.
Busqué en mi interior
y encontré lo que buscaba,
lo que siempre estuvo ahí.
Me encontré a mí misma,
tal como fui creada.

La paz ya he encontrado,
pero sigo mi caminar,
la vida sigue su curso
y me enseña a continuar.
Hoy es el día clave
y en él me enfocaré,
porque hoy es el presente,
el momento que siempre busqué.

Mi naturaleza

Mi naturaleza es eterna.
Vine a lograr un propósito.
La vida se me regala
para que logre mi éxito.

Quiero ser como el sol,
que alumbra a todo el mundo.
Nunca se pregunta quién merece,
se da tanto al rico como al vagabundo.

La fuerza del amor me guía
para que yo cumpla mi función,
estar alerta durante el día,
siendo feliz en la acción.

Estar alerta

Me gusta estar alerta
para poder ver la verdad,
la espera se hace incierta
y nos separa de la unidad.

El todo es lo que somos,
pues no estamos divididos,
lo que sentimos se expresa
y nos enseña lo que vivimos.

La resonancia es una manera
de relacionarnos con el mundo,
toda persona que a mi vida llega,
me muestra mi yo profundo.

Nada es casualidad,
pon atención con quién te encuentras,
todo ser humano te mostrará
que es el espejo en el que te reflejas.

Me siento conectada

Cuando escribo mis poemas,
me siento conectada
a la fuente creadora
Ahí es donde me doy cuenta
que soy una con ella
y que no estoy separada.

Esa unión me da la paz
y el poder de encontrar soluciones.
Corrijo mis errores
y empiezo de nuevo.
Pero sé que si creo
que tengo problemas,
los voy a tener.

Cambio mi percepción
Cambio mi interpretación
y cambia mi sistema.
No tengo problemas,
solo sé que soy.

Paz interior

Estar en la cima de la montaña
me hace disfrutar del silencio.
No hay ruido, no hay prisas,
sólo la quietud que se paraliza.

No hay tiempo,
sólo existe el momento,
el instante eterno
que se mueve lento.

Si el cielo existe me siento en él
Si la paz existe estoy en la paz
Si lo bello existe
en belleza me paseo.
Si el ahora existe me conecto con él.

Siento un estado de armonía
que se posa en mí Ser.
Caminando mi sendero
y viviendo con lo verdadero.
Despertando voy
y quiero conocer
lo nuevo, lo bello,
lo quieto y lo tierno
de ese nuevo Ser.

La paz me sonríe,

la esperanza me llama,

la luz me ilumina,

la quietud me aclama.

No quiero otra cosa

que estar así

y sé que si quiero

lo puedo repetir.

Cada vez que yo quiera

pues está en mí,

la quietud innata instalada para mí.

Realidad innata

Hoy no estoy bien,

hoy estoy excelentemente bien.

Cuando afirmo esto

mi corazón se expande

y empieza a crear la posibilidad

de que esto se realice.

La actitud mental

es importante para su proceso,

al afirmar esta intención,

la mente pone atención

y se realiza la ecuación.

La excelencia es parte innata

de nuestro Ser sensitivo,

pues él es el mejor testigo

de la única realidad.

Al intuirla la traemos a la conciencia,

al traerla a la conciencia

hace acto de presencia,

instalándose en nuestro ambiente,

creándose un torrente

de recuerdos verdaderos,

que nos llevan a lo real

de nuestra intrínseca Verdad.

Viaje a mi interior

Cierro los ojos

y me adentro en mi interior,

permanezco así por un rato,

percibo todas y cada una de las partes del cuerpo.

Inspiro y siento el oxígeno

llegando a todo sitio.

Exhalo y con él sale el aire convertido en CO_2

y me hago consciente de la importancia de cada respiración.

Continúo con ese ejercicio

por más tiempo

y voy sintiendo una presencia

que está ahí conmigo,

que me arropa

y empiezo a sentirme conectada,

con la conciencia creadora,

que me cuida y me adora

y hace que florezca la vida.

Es un Amor penetrante,

que me hace sentir completa.

En esa completitud ya nada me falta
y siento cómo brota una lágrima,
en medio de esa calma.

Y permanezco con esa presencia
dónde el tiempo no existe,
y me dice que soy una
con esa fuerza creadora,
que no tengo que hacer nada
pues ya todo me lo ha dado.
Me dice: "ama como yo,
para eso fuiste creada,
elimina todo aquello
que no te deja vivir
siempre estaré contigo,
no te olvides de sonreír".

Soy abundante

Soy muy abundante,
mi alegría es constante,
es como el río y su cauce,
yo busco mi propio encause.

Mientras espero comprendo,
que lo que vivo yo lo atraigo,
me hago responsable y entiendo,
que me levantaré si un día caigo.

La vida tiene sorpresas,
que no estaban programadas,
si buscamos nuestras destrezas,
concluiremos nuestras jornadas.

Soy

Soy un grano de arena
disperso en una playa.
Soy una gota de agua
disuelta en la mar.
Soy una célula diminuta
perdida en el cuerpo.
Soy una estrella brillante
oculta en el firmamento.
Soy el silencio
de una madre en oración.
Soy un rayo de luz
listo para alumbrar tu dirección.
Soy una letra
formando un juego de palabras.
Soy el misterio de lo inescrutable.
Soy la belleza de un vagabundo.
Soy el atardecer de un día brillante.
Soy la alegría
que anida en la esperanza.
Soy la nada unida a un todo.
Soy una gota que forma la fuente.
Soy el suspiro que sale del corazón.
Soy cualquier color del arcoíris
o el espectro de luz que no ves.
Soy la voz de la esperanza
cuando parece todo perdido.
Soy eso y mucho más,
soy tú y tú eres yo.
fundidos en el Ser Superior.

Soy real

No soy lo que yo pensaba.
Me busqué en el exterior.
En el exterior no estaba.
Eso me causó dolor.
El dolor que yo conozco,
me dio un amargo sabor,
no es dolor que yo merezco.
Eliminarlo es mi labor.

Vuelvo a ser yo misma,
cuando dejo de juzgar,
cuando permito que la inocencia
llegue a ocupar su lugar.
Yo soy real cuando Amo,
cuando dejo ir el apego,
también cuando siento que el ego
se quiere sobrepasar.

Bienvenida me digo a mí,
a tu estado de creación,
ese estado verdadero.
Es como cantar tu canción.
Bendita sea la belleza,
pongan mucha atención.

La belleza es la pureza.
Vamos en su dirección.

La belleza es un sentimiento,
no un estado de ilusión.
Acepta pues la belleza
que hay en tu corazón.
Eres y fuiste creado
para ser y estar feliz.
Más no te aflijas si un día
tienes por ahí un desliz.

El desliz te puede traer
culpa y perder la razón.
Si la mecha llega a arder,
no te causará aflicción.
La aflicción es parte, amigo,
de dejar al ser crecer.
Crecer y llegar al puesto
a donde haz de volver.
Volver a casa yo quiero,
de donde no debí salir.
Experimentarme sólo debo,
probar quería mí existir.

Existo porque tú quieres.
Porque yo deseo también,

y darme cuenta prefiero
de que un día he de volver.

Volver a ti, padre mío.
Volver a tu corazón.
Porque sé que en él he estado.
Hoy me llena de emoción.

De una cosa estoy seguro.
Comentarte quiero hoy,
para el Amor no hay futuro.
Él está sólo en el hoy.
El tiempo en sí no existe,
no te dejes engañar.
Usa mejor un instante
y ponte a disfrutar.

Te pido que no me creas.
Practica esta verdad.
Es simple cuando lo leas,
esta es la realidad.

Ya no soy la misma

Ya no soy la misma de antes

dejé atrás la tristeza

dejé atrás la amargura.

Mi estado de Ser actual

me da lo que para mí perdura.

Esperé que algo de afuera

hiciera a mi ser feliz

no lo logré porque era como exigir.

Cambié mi estado interior

y esa felicidad que buscaba,

yo misma me la doy.

Buscaba llenar mi interior

con cosas exteriores

no era por ese camino,

descubrí que muy dentro de mí

estaba el camino a mi propio destino.

Ahora ya sé cómo acceder

a la fuente divina que llena mi Ser.

Este estado de Ser

te lo quiero compartir

y sin límites hay que repartir.

Sin duda porque es la certeza,
sin pedir porque él sabe dar,
todo lo obtengo a su momento
o, mejor dicho, fuera de entorno,
espacio y tiempo.
Siempre del interior,
porque así lo quiere mi creador.

Verdades trascendentales

Un recuerdo sin la carga emocional,
se llama sabiduría.
La dicha es nuestro estado natural del
ser.
Somos felicidad
porque fuimos creados
para ser felices,
podemos cambiar las creencias,
por otras que nos convengan.
Cambiando las creencias,
es como desaprendemos.
Viviendo en plenitud,
conquistamos un nuevo mundo.

Todo empieza conmigo misma,
pues el todo está en mí.
Hay que sacar la basura,
de nuestra mente incoherente.
Unámonos a la armonía,
de esta nueva conciencia,
que nos da paz y alegría
y que sana nuestra mente.
La conciencia de unidad,
nos inspira a recordar.

Recordamos la verdad
de que todos somos uno.

No estamos separados,
eso ya está demostrado.
La física cuántica lo enseña
y mientras más rápido lo entendamos,
así iremos avanzando
hacia esa sabiduría.
Es muy simple lo que lees,
porque está dicho en poesía.

Búsqueda interior

Indago en mi interior,
buscando encontrar respuestas.
Me encuentro que por error
las busqué todas afuera,
como queriendo explorar
lo que la gente sintiera.

Las respuestas
no están en el exterior,
más bien éstas se encuentran
indagando en mi interior.
¿Que si una respuesta es igual para todos?
¡Por supuesto que no!
Aunque todos somos uno,
cada cual tiene su respuesta.

Por eso la búsqueda interior
es de vital importancia,
por eso es que a cada cual
se le conceden
sus propias respuestas.

Despertar de la conciencia

El Despertar es darnos cuenta de lo que somos.

No sólo somos cuerpo físico que percibe la vida. Somos seres espirituales que cuando conectamos con nuestra fuente, se terminan las limitaciones, se abren las posibilidades y nuestra vida empieza a ser simple, pero poderosa, porque recuperamos nuestro poder interior.

Se nos habla mucho del despertar de la conciencia. Es a cada uno al que, a nuestra manera, y a nuestro paso, nos va a llegar. Cada cual encontrará su camino que lo llevará a su despertar.

Hay muchos caminos que al final nos llevaran a nuestro verdadero hogar. Encuentra pues tu camino y síguelo sin dudar.

En el mundo ya está instalada la sabiduría, busquémosla a nuestro paso y a nuestro tiempo, sabiendo de antemano que todos somos uno y que esa conciencia de unidad a todos nos llama en su debido momento.

Conciencia Pura

(Dios Amor)

Encontré a Dios cuando me di cuenta,

que no necesitaba buscarlo.

Su presencia está conmigo,

porque él es el que me pone a salvo.

Lo siento como una verdad,

absoluta y coherente.

La belleza natural

lo hace aún más fuerte.

Dios es conciencia pura,

repartida por doquier.

Yo alcanzo esa conciencia

cuando acepto lo que es.

Me dice: "no tienes que hacer nada,

yo no pongo condición.

El humano es el que condiciona

y piensa no ser merecedor".

Mi ser así lo manifiesta

y me permito compartir,

ese Dios al que yo siento

y que tú puedes sentir.

Cuando vemos que es tan fácil,
no lo podemos creer,
pues nos han dicho que es difícil
llegarlo a comprender.

Ese Dios del que te hablo,
es más fácil de alcanzar.
Sólo entrando a tu interior,
lo puedes localizar.

Tu ser está conectado
con su Ser lleno de Amor.
Nos quiere como sus hijos,
a su imagen nos creó.
Recordar es lo que ocupo,
pues se me olvidó quién soy.

Despertar

Despertar es saber que Eres.

Saber que Existes.

Saber que estás Vivo.

Saber que eres ilimitado.

Saber que aunque el camino

se ponga áspero,

rocoso o con espinas;

todo eso pasará.

Saber que tienes experiencias,

pero no eres ellas.

Saber que eres hijo de la divinidad.

Que eres heredero de su gloria.

Saber que sales de él

para experimentar este mundo.

Saber que has de regresar a él.

Regresar a casa.

"Declara quién eres y reclama tu herencia".

Soy hija de Dios y mi paz es mi herencia.

¡Qué fácil es despertar!

Tan fácil que me llevó medio siglo.

La fuerza vital

La fuerza vital,
a la que no puedo visualizar,
es la que me lleva a la eternidad.
La fuerza vital que poseo
me lleva a la experiencia trascendental.

Tu fuerza que para mí es vital,
me atrae hacia ti como un imán.
Esa fuerza vital me impulsa
a que yo viva, mi experiencia personal.

Conciencia y vida

La vida es un misterio,

si la vivimos en incertidumbre.

Nos sorprendemos de las bellezas

que nos puede aportar.

La vida es una conquista,

nos enseña la armonía

y también la sintonía

entre sus seres vivientes,

inquietos e inconscientes

parece que aún estamos.

A despertar nos lanzamos,

por el mundo navegamos,

por el mundo en sincronía

donde reina la alegría.

A cambiar supervivencia

por una nueva conciencia.

Ya no es mejor el que sobrevive

sino el que vive alerta.

Escuchando lo que piensa

y cambiándolo al instante,

a veces el pensamiento

puede ser un detonante.

Observando la intención
ante cada pensamiento.
Se queda y muy lenta,
nuestra mente confundida.
Si el pensamiento es incorrecto
afectará nuestro cuerpo.
Pues si crees que no mereces,
lo expresaras con creces.
Y sí piensas que no puedes,
se verá por lo que obtienes.
Si piensas que eres un torpe
así vivirás experiencias.
Y pensando que no eres digno
obtendrás antagonismo.
Cámbialo por positivismo
y saldremos del abismo.
Enseñando a la mente
a Vivir, pues, muy coherente.
Y al tener positivismo
obtendremos altruismo,
sentiremos la sensación
que alimenta al corazón.

La fuerza que genera poder

Hay una fuerza que me guía,
dentro de mi ser está,
es una fuerza divina
cuando conecto con la verdad.

Esa fuerza es optimismo
la expresa el corazón.
Si practico la compasión
se convierte en electromagnetismo.

Cuando el corazón y la mente
llegan a vibrar en coherencia
esa fuerza se hace fuerte
y se expande en circunferencia.

La resonancia que generamos
de corazón a corazón,
aumenta cuando estamos
viviendo en cooperación.

La competencia no ayuda,
ya está pasada de era,
el paradigma al que entramos
la cooperación genera.

El electromagnetismo
que genera el corazón
nos aleja del egocentrismo
y nos evita la comparación.
Si entiendo esta información,
entro a la nueva conciencia,
conciencia de cooperación
y la unidad es mi vivencia.

El tiempo se paraliza

El tiempo se paraliza,
una sensación de llenura inunda mi ser,
siento mis respiraciones suaves,
mi corazón palpita tranquilo y satisfecho,
mi sistema sanguíneo trabaja a la perfección,
no pasa nada, todo es pacífico.

Mi petición ha sido escuchada,
gracias, Dios,
por estos momentos de dicha
que estoy viviendo.
Qué me puede faltar si todo lo tengo.
Una sonrisa de satisfacción
se dibuja en mi rostro.

Mi bien Ser
se encuentra fundido con el todo,
mi bienestar por igual.
No le pido más a la vida,
siento que lo tengo todo.
La vida me sigue sonriendo
y me hace un guiño.
Oigo una voz que me dice:
¡Hija mía, esta es la paz
que has estado buscando!

Encuentro conmigo misma

Oigo una voz que me dice "cambia".
Me resisto a escucharla
y digo: "¿por qué me pides eso?"
Dudo por un segundo y atiendo.
¿Quién es?, ¿quién me dice eso?
La confusión fluye por mi ser,
una presión enorme me domina,
la de la sociedad que no me deja ser.

Recapacito y digo:
"Pero si soy yo misma la que me reprimo".
siento una carga pesada sobre mis hombros.
Yo misma recrimino mi ser.
¿Cómo lo hago? Dime, ¿cómo lo hago?
Pienso y pienso cómo lo haré.
Empiezo mi camino y veo que no me acepto.

Me pregunto si alguien me rechazó
o es que realmente no me encuentro,
¿O es que de verdad no sé ni quién soy?
Continúo mi camino
y voy hacia la cima de la montaña.
¿Qué es lo que busco y no encuentro?
No lo sé, sólo sé que lo intento.

Lo intento pero no lo siento.
Esta carga es muy pesada,
pero de pronto la suelto.
Y al soltarla se torna ligera.
¿Qué es lo que veo en este momento?
¡Soy yo, soy yo que me encuentro!
Sonrío y me reconozco,
ahora soy yo misma.
Y escucho la voz de nuevo:
¡Eres tú, siempre lo has sido
así te quiero y así te acepto!

El siguiente poema me vino a la inspiración cuando me encontraba en un teatro esperando la presentación de una obra llamada *El libro del mormón* (fue como una parodia).

Mientras todo se acomodaba, tuve la sensación de estar en tiempo presente, o como la física cuántica lo describe: "el eterno presente"; un curso de milagros lo identifica como "instante santo".

A mi mente empezaron a llegar pensamientos de cómo nuestras creencias religiosas nos alejan del verdadero Dios. Ese Dios que no nos pone condiciones, ese que no nos juzga ni está llevando cuentas de nuestros errores, ese Dios Amor, la Divinidad.

Es muy cierto que pasamos el tiempo defendiendo nuestros credos y lo perdemos al no dar esa libertad a cada quien de creer en lo que su conciencia se los permita. Dejemos de defender nuestras creencias y vivamos nuestras vidas con respeto y aceptación a todos nuestros hermanos. Recordemos: somos uno.

Eres todo

Te busco en cada instante de mi vida.
Cierro los ojos para verte
y me doy cuenta de
que estás muy cerca de mí,
que nunca te alejas y que al sentirte cerca
mi alma te advierte.

Siento que la distancia se acorta,
que estás en mí a toda hora,
que en realidad no estás lejos,
que estás en los momentos complejos.

Te siento en la lejanía,
te siento en la cercanía.
Te siento en la armonía
y se aleja mi apatía.

Te percibo con los rayos del sol,
te percibo en las estrellas,
te percibo al anochecer
y también en las mañanas bellas.

Tú eres mi soporte,
tú eres mi consuelo,
Tú eres este instante
y mi aliento en el duelo.

Tú eres mi alegría,
tú eres mi sinfonía;
Tú eres esa sonrisa
y también mi melodía.

Tú eres todo lo bello,
tú eres todos mis sueños.
Tú eres ese diluvio
y mi tormenta de ensueños.

Tú eres mi día en la calma,
tú eres mi paz interna
Eres caricia para el alma,
y también mi vida eterna.

Me sostienes en tus brazos,
me llevas en tu regazo
Me albergas en tu cordura
y me entregas tu ternura.

Me diluyo en tus entrañas,
me contengo en tu ser.
Me absorbes cuando me sueñas,
y me llenas con el sol del atardecer.

Eres brillante

La vida es bella.
Es bello el despertar.
Así como el destello de la estrella,
su claro rayo para iluminar.

Mira todo lo que eres.
Más brillante aún que el sol.
Tus destellos son radiantes
como el eco de la más linda voz.

Quiero verte siempre así.
Sentir siempre tu calor.
Mírame también tú a mí.
Con el corazón lleno de Amor.

Belleza y verdad

Belleza en abundancia,
verdad de tu existencia,
despierto a la conciencia,
observando la esperanza.

¡La humanidad espera!
¿Y qué espera esta humanidad desesperada?
Espera una llamada
de su fuente creadora,
esa que no juzga, sólo adora
y da libertad a toda
esta llamada humanidad.

El poema que sigue surgió imaginando un amanecer fresco en un poblado pequeño, donde la gente sale a caminar y va al mercado, todos se saludan y hay alegría en la gente del poblado. Hay paz y armonía. Se genera un ambiente positivo de bienestar.

En él puntualizo como la coherencia en las experiencias es muy importante para estar bien de salud. Me hace recordar el pueblo donde crecí. Esa calma, esa tranquilidad, esa armonía en la que vive la gente. Me lleva a sentir añoranza por ese pueblo querido, donde viví parte de mi infancia y mi juventud.

Experiencia y coherencia

Amanece un nuevo día,
el sol irradia su luz.
La Vida se expresa en armonía,
contagiando el ambiente adolescente
de un avestruz.

Observo el bullicio de la gente.
En su afán por mejorar,
la gente vive sonriente.
Entregados en el arte de volar.

Caminos amplios y despejados
recorro durante el día.
Veo los gatos por los tejados.
Por el camino en mi travesía.

Consigo conectarme con el momento.
Percibo detalles en ese tiempo.
Busco encontrar entendimiento,
logrando estar en el no tiempo.

La paz que viene a mí es inexplicable,
la aspiro y me atrapa en esa quietud.
El alma se expande inagotable
y me lleva a Vivir en plenitud.

Me eleva a un estado de conciencia
que me siento libre e ilimitada.
Observo sin juicio lo creado,
y sé que era lo que ocupaba

La experiencia es mi sensor.
De todo lo que pienso en mi mente.
Que si quiero detectar lo anterior,
veré que estar bien es ser coherente.

La coherencia son tres cosas a la vez.
Estar consciente de lo que hago.
Observar que vayan
hacia la misma dirección
lo que pienso, digo y hago.

Vivir en coherencia es muy simple.
Lo que pasa es que estamos dormidos.
Si no nos damos cuenta
de lo que pensamos,
mucho menos de lo que decimos.

Te invito pues a despertar,
que si seguimos dormidos,
lo que hacemos será controlado
por el inconsciente
y por éste seremos consumidos.

Pensar, decir y hacer son la clave,

tan simple como estar atentos,

que si les damos el mismo encause,

nos reconectaremos y viviremos contentos.

Ser o hacer

No soy un hacer, soy un Ser.

El ser humano siempre busca

qué hacer en esta vida,

dándose cuenta de que ese

nunca es el inicio de nuestra partida.

Nos envolvemos en el hacer

y vamos perdiendo el tiempo,

si empezáramos a expresar al Ser

viviríamos en espíritu

sin ocupar al cuerpo.

El cuerpo es sólo un vehículo

para vivir las experiencias.

El cuerpo es también el vínculo

que guarda las apariencias.

Muchas veces confundimos.

el cuerpo con lo que somos,

y hacemos juicios que decimos

se ve muy maltratado por el tiempo.

No sabiendo que si vemos más allá,

veríamos sabiduría

en todas sus vivencias.

Veríamos conocimientos
y muchos aprendizajes.
Si nos enfocáramos en el Ser,
veríamos las enseñanzas
que nos puede compartir.

Cualquier otro ser nos puede enseñar
para qué estamos aquí;
simplemente hay que observar
lo que llegamos a proyectar.
Y si es una proyección,
en nosotros puede estar.

Pido a Dios
que practiquemos la bondad
y que en lugar de juzgar a otro Ser,
pidamos ver más allá
y lograr ver la verdad,
pero mejor sería aún,
sentirnos dignos de merecer.

Todo es uno

Me alegra la naturaleza,
me alegran las mañanas plenas;
cada vez que me despierto,
las observo y agradezco.
Mi corazón vibra sonriente,
se alimenta de instantes bellos;
comprendo que si feliz se siente,
su armonía irradia destellos.

Los destellos que irradia la armonía
en mi corazón los percibo.
Y todo el cuerpo se contagia,
su palpitar es muy activo.
Cuando el cuerpo expresa bienestar,
experimenta felicidad;
todo mi ser se contagia,
incluyendo su gozar.
Todo mi ser se conecta
a lo que es y será:
el cuerpo, la mente y el alma
se unifican en la verdad.

Inspiración

Para ser poeta no hace falta
estar enamorado de alguien.
Lo que no se siente se revela,
la inspiración es así también.

La inspiración es revelación,
sientes como si se te dictara.
Y aunque a veces no la captas,
muchas veces, sólo la aceptas.

Dejas volar la imaginación,
permites expresarte con palabras.
Si dejas aflorar esta emoción,
las palabras fluyen desembocadas.

El estado verdadero en ti aflora,
pues la fuente de la vida aparece.
Dando paso a lo que tu Ser adora,
llenando el nuevo día que amanece.

La felicidad que sientes te transforma,
contagias con tu alegría el entorno;
vives, amas, sueñas y eso te conforma;
amas a todos sin ningún trastorno.

La inspiración llega ante ti,
no tienes siquiera que llamarla.
Déjala guiarte, así aprendí,
no queda más que aportarla.

Viviendo lo que somos

Los pensamientos no salen de la mente.
Salen del corazón.
El corazón es el que advierte
y envía la sensación.
Cuando la conciencia se mueve
crea un mundo de imaginación,
se abren las posibilidades,
mandándonos las señales
de todo lo que pensamos.

Como somos energía
y con el todo vibramos,
también nos sincronizamos
y en el ambiente cambiamos
la información que queremos.

Y si despiertos estamos,
podemos transformar nuestros destinos
y reescribir nuestra historia,
creando toda la gloria
que nunca imaginamos;
y sí algún día soñamos
con escribir nuestro libro
lo lograremos pues reconocemos

que todo ha sido dictado,
por ese Ser adorado
que es el que nos sostiene,
y sabemos que siempre ha estado,
por siempre a nuestro lado.

Lo recordamos y ya estamos
viviendo en plenitud
porque es mucha la quietud,
que nos enseña en la inquietud.
Y entonces estamos Viviendo
el Ser que a su imagen fue creado;
y nos sentimos completos
expresando lo dictado.

Revélame

"El paraíso no está perdido sino olvidado".
Lo dijo Facundo Cabral en su momento.
Cuando lo olvidamos,
dejamos de perseguirlo.
Pero no importa porque
aunque lo olvidemos,
luego se nos revela.

La idea del hombre en la desesperanza
es obra de una usanza,
que se aferra y nos lanza
al yo falso que no somos.
Al yo que crea el ego confundiéndonos,
usando sus artilugios
para tenernos separados.
El ego quiere que sufras,
pero el Espíritu Santo
quiere que florezcas.
Al florecer se abren nuevos senderos,
nuevas posibilidades
surgen, creando esperanzas.

La revelación es obra
del espíritu de Dios

que te otorga la sabiduría.
La sabiduría que es la experiencia,
aceptada y aprendida.

Revélame la verdad
en cada experiencia vivida.
Revélame la verdad
en cada instante de mi vida.
Revélame el mensaje
de lo que quieras que aprenda.
Revélame lo que hoy
tienes para mí agenda.

Todo lo que soy

No sólo soy mi cuerpo y mis células,
también soy todo compuesto
en la biosfera.
No sólo soy parte de ti
y de tus moléculas,
también soy parte de toda la esencia.

No sólo soy mis pensamientos,
también soy la armonización
de todo lo que expresas.
No sólo soy átomos compuestos,
también soy
todos los átomos del universo.

No sólo soy creatividad,
también soy todo lo creado.
No sólo soy órganos y tejidos,
también soy todos los microorganismos.
No sólo soy unidad,
también soy toda la conjuntividad.
No sólo soy perpetuidad,
también soy y estoy en la eternidad.
No sólo soy una contigo,
también soy una con lo divino.

La naturaleza se expresa

La naturaleza se expresa
nos da un toque de queda.
¿Qué me quiere decir?
¿Qué ocupa de mí?

Estas preguntas me llevan a indagar
y a que me ponga a pensar:
¿Qué estoy haciendo mal?
La Naturaleza me dice que pare,
que no ocupa de mí,
que yo soy quien ocupo de ella.
Que deje de contaminar,
que vuelva a ser parte de ella.
Que busque en la unidad,
que ella misma me enseña.

Es un alto a mi inconciencia,
un alto a mí ignorancia.
Un alto a rechazar mi propia naturaleza.
Me dice que abra los ojos
y que me dé cuenta de que soy yo
la que ocupa conectar con esa fuerza.

Valores

Pero qué es la libertad,
sino la liberación
de nuestras propias limitaciones.

Qué es la felicidad sino
la expresión de nuestro Ser
libre de preocupaciones.

Y qué es el placer
sino la expresión de la dicha del Ser.

Y qué es agradecer
sino la alegría de agradar a nuestro Ser.

Y qué es el Amor
sino la entrega de lo que somos.

Y qué es la esperanza
sino la apertura y la confianza
en medio de la espera.

¿Qué es la unidad?
Pues es la unión de todo ser
con la divinidad.
Donde la vida no sabe de diferencias

porque es universal.
Donde la vida no sabe de tiempo
porque es atemporal.
Y qué es la confianza sino
el regalo de nuestra seguridad.

Volvamos a recordar.
Se nos ha olvidado
lo que realmente somos.
Recordemos que por Amor
la vida nos entrega su mejor opción,
tan sólo si lo pensamos.

Así se cumple esta promesa
"pide y se te dará"
y yo digo "piensa y lo que pienses atraerás"
que nuestra mente es como un imán.
podemos atraer lo positivo o lo negativo.
¿En qué frecuencia estás?

No sólo soy

No sólo soy un montón de huesos
formando un esqueleto,
también soy un sistema óseo
estructurando mi cuerpo.

No sólo soy músculos
cubriendo un montón de huesos,
también soy el sistema muscular
sosteniendo mi esqueleto.

No sólo soy la columna
que sostiene el sistema nervioso,
también soy el sistema autónomo
que se comunica con todo mi cuerpo.

No sólo soy un montón de neuronas
formando el cerebro,
también soy la mente
con todos sus pensamientos.

No sólo soy los órganos
realizando sus funciones,
también soy un grupo de sistemas
realizando sus operaciones.

No sólo soy una célula que coopera
para que el cuerpo reciba su alimento,
también soy un individuo
que puede mejorar
su familia, pueblo, ciudad, país,
el mundo y el universo.

No sólo soy una célula en la tierra,
también soy la humanidad
experimentándose en esta gran esfera.

No sólo soy la complejidad del todo,
también soy la unidad
reflejada en la existencia de todos.

Poemas al amor

El Amor, ese sentimiento que nos lleva a soñar. Cuando estamos enamorados hay color, hay vida, hay esperanza; cuando sentimos Amor todo es bello, reluciente y con brillo.

El Amor se puede confundir con egoísmo, con querer poseer. Utilizamos al ser amado para llenar nuestros vacíos, nuestras inseguridades, la falta de Amor hacia nosotros mismos.

El verdadero Amor es el que libera, el que entiende, el que lo da todo y no espera nada a cambio. Suena fácil, pero cuando aprendamos a Amar el mundo será otro. Cuando despertamos y quedamos libres de la programación podemos sentir de cerca ese Amor del Ser superior.

El Amor

El Amor no cambia,
el Amor nos ilumina,
el Amor nos alienta,
nos llena de alegría.

El Amor nos engrandece,
el Amor nos embellece,
el Amor cuando aparece,
por la eternidad prevalece.

El Amor es

El Amor no llegó.

El Amor no pasará.

El Amor siempre está.

El Amor no fue ni será.

El AMOR por siempre es.

El tiempo presente,

es su única cualidad.

¿Es Amor?

Me pregunto si es Amor
lo que yo siento por ti.
Me respondo que sólo es
un apego que advertí.

Muchas veces confundimos
el AMOR puro y sincero.
El Amor no pide nada,
por lo tanto es verdadero.
El Amor no tiene opuestos,
por lo tanto sólo es uno.
El Amor no es dualidad,
sólo es Amor genuino.

El Amor te lo da todo
por más que quieras dudar.
El que pide y no da nada
ya lo puedes tu nombrar.
Al Amor sólo le basta
complacerte y compartir
las cosas que por Amor,
ahora te toca vivir.

Amor es por siempre uno,
no te dejes engañar,
porque por Amor fuimos creados,
vayamos a disfrutar.
Para el Amor no existe el tiempo,
pertenece sólo al hoy,
El presente es su momento,
donde quiera que yo voy.

Amor lo que se dice Amor,
muy pocos lo han sentido,
se confunde con la unión
de personajes adictivos.

Cuando los humanos logremos
amar de verdad a la gente,
desaparecerá el dolor,
que es el que te hace demente.
Sólo por una, y muy sencilla razón,
el AMOR que conocemos
es el que inventa la mente.

Que ¿qué es el Amor?

El Amor no es todo lo que yo pensaba.
El Amor es más de lo que yo imaginaba.
Es esa fuerza interna
que me impulsa a Vivir.
Son esos sentimientos
que me guían a existir.
No son esos deseos
que me llevan al apego.
Es más bien dar libertad
cuando amas sin el ego.

El Amor es vivir lo que te hace sentir,
también es entregar todo sin esperar.
El Amor te llena
y te sientes muy completo,
también es el que te enseña
que amar es estar repleto.

El Amor es respetar
a tu hermano en aflicción,
también es no juzgar
lo que dicta el corazón.
El Amor es aceptar
lo que es mejor para todos,

es buscar la verdad,
que sirva de todos modos.

El Amor es la unidad
que nos invita a continuar,
también es reconectar
para volver a vibrar.

Tu Amor

Tu Amor me transforma,
tu Amor me mantiene,
tu Amor me endulza,
tu Amor me sostiene.

Tu Amor me eleva hacia el infinito,
tu Amor me sorprende
y hace que todo lo vea bonito,
tu Amor es la llama
que alumbra mi alma.
Tu Amor está siempre,
junto, aquí conmigo.

Tu Amor sólo entiende
lo mucho que te Amo.
Porque tu Amor es por siempre
mi sueño, soñado.

Tú me dices

Tú me dices "te quiero"
y yo te digo "quiérete a ti mismo",
pues de esa manera sabrás
que si te quieres tú,
podrás querer a otros.

Tú me dices "te extraño",
y yo te digo "conecta contigo mismo",
pues de esa manera sabrás
que en el Amor, todos somos uno.

Tú me dices "no puedo vivir sin ti",
y yo te digo "VIVE",
y eso es lo que importa
pues si tú aprendes a VIVIR
ya no necesitarás de nadie
para VIVIR plenamente.

Me dices "¡te extraño!"

Me dices "¡te extraño!"

Y un suspiro brota de mi ser.

Mi corazón se acelera

a un ritmo nunca antes percibido.

Mi cuerpo tiembla,

una sensación de dulzura

se anida en mi interior.

Mis labios tiemblan, me quedo muda,

no existe una palabra

para expresar lo que siento.

No importa, cualquier palabra

se queda corta.

Mejor no digo nada.

Sólo lo sigo viviendo,

¡esta sensación es inexplicable!

Oigo una voz que me dice:

"Déjalo así, no busques palabras,

no existe una que iguale este sentimiento,

sólo déjalo ser".

Y me dejo llevar por este sueño,

muchos más suspiros llegan a mí,

los Vivo, los acojo, los guardo.

Siguen brotando, te siento cerca,

tan cerca que te puedo sentir.

Mi corazón no entiende

Mi corazón no entiende
por qué esto que siente está prohibido.
Mi corazón sólo entiende
la felicidad que siento
cuando estoy contigo.

Mi corazón se expande
cada vez que tú estás cerca,
yo siento su palpitar
que parece galopar.

En mi pecho sensitivo,
el corazón da de brincos,
tanto que sale corriendo
a buscarte entre los juncos.

La felicidad que siento
es cada vez más grande.
Me imagino otro invento
para que el tuyo se ablande
y no te alejes jamás.

Una clase de Amor

Sólo hay una clase de Amor,
el Amor sin condiciones,
el que todo lo da,
aquel que no da para recibir,
el que no espera nada a cambio.

El que da la libertad,
aquél que no limita,
es una clase de AMOR.
Desde hoy amo así.
Hoy regalo, hoy quiero, hoy dejo ir,
expando, alivio, reparo, construyo.
Bendigo, vivo, emito, permanezco,
revelo, comparto y sano.

A veces limitamos al Amor a un sólo día, siendo que podríamos disfrutarlo sin límites.

Este poema es una invitación a no ponerle limites al Amor, aprovechémoslo y disfrutemos al ser amado todo el tiempo que dure esa armonía.

Al vivir las experiencias lo más amenas y cooperativas posible, se eliminan las limitaciones al Amor, que es ilimitado. De esta manera, llenaríamos la vida de momentos felices repletos de disfrute.

Día del Amor

El Amor no tiene un día.

El Amor tiene todo el tiempo.

Para el Amor

sólo cuenta el presente,

pues en él existe.

El presente es su principal cualidad.

Al Amor le importa cada instante

pues es eterno

y en el presente está la eternidad.

Sólo hay una clase de Amor,

y esa es: AMOR.

De vez en cuando

De vez en cuando el Amor
viene a tocar mi puerta,
de vez en cuando el Amor
llega y me encuentra alerta.

De vez en cuando yo abrí
la puerta de mi corazón
y al mirarte descubrí
que me inspirabas pasión.

De vez en cuando la vida
cambia por mí los senderos,
abriendo nuevos caminos
y mandándome por ellos.

De vez en cuando te espero
al cruzar ese sendero
buscando por fin el camino
que nos conduce sin riesgos.

La llamada del Amor

El Amor nos hace un llamado
donde quiera que estemos.
Nos enseña que el amado
está más cerca de lo que creemos.

Lo encontramos por sincronía.
Muchas veces no es Amor.
Es sin embargo ironía,
si empieza a haber dolor.

Lo encontramos por resonancia,
y al caminar por la vida vamos
obteniéndolo porque en la infancia
nos dejaron programados.

El Amor lo percibimos
caminando por la vida.
Nos llena de ilusiones
escuchando las canciones.

Soñamos con nuestro amado
e imaginamos construida
la etapa de nuestra vida
que nos llena de emociones.

Sin embargo casi siempre,
tropezamos y caemos.
Y luego nos prometemos,
no volver a tropezar.

Pero como en esta vida,
no sabemos lo que atraemos.
Mejor veamos qué sentimos.
Y no volver juzgar.

Vivamos mejor nuestras vidas
de una manera libre,
observando lo que nos gusta
y también lo que nos disgusta.

Que si estamos bien alertas
cambiaremos al instante,
las cosas que se nos ofrecen
en este mundo cambiante.

Dime

¿Dime dónde te encuentras?
¿Dónde estás, amor mío?
Extraño tener tu cercanía,
soñar es lo que me da alegría.

La nostalgia me invade,
tu ausencia me incomoda,
mientras todo acomoda,
los sueños los creo en grande.

Las ilusiones llegan
en medio de la lluvia,
los sueños no esperan,
llegan también de día.

Amor eléctrico

Escuché una frase que me gustó

y quise desarrollarla.

"Amor eléctrico",

y me empecé a meter en mis sentimientos.

"Tiene sentido", me dije a mi misma.

El Amor derrama corriente eléctrica,

y a lo lejos lo envías,

y envuelve a tu ser amado

en esa fuerza magnética.

Sientes su presencia,

porque cubres las distancias

y superas el espacio.

Y sólo es cuestión

de vivir en ese instante,

donde no existe ni espacio ni tiempo,

sólo es electromagnetismo

que invade los corazones enamorados,

y los eleva a vivir jubilosos,

felices y electrizados.

Para saber de amores

Amores que por un momento
nos ponen a suspirar.
Amores que decimos que es el destino
y los queremos cambiar.
Amores que son por hoy
y que nos hacen soñar.
Amores que en esta vida
nos ponen a pensar.
Amores cercanos
que nos ayudan a continuar.
Amores que nos acompañan siempre
y que están en nuestro hogar.

Para saber de amores,
no tenemos que ir lejos.
Para saber de amores,
sólo tenemos que estar despiertos.
Para saber de amores,
no tiene que haber razón.
Para saber de amores,
tampoco hay que poner condición.

Amor multiplicado

Estoy en frente de una escuela infantil
y escucho su canción del día,
me llega el mensaje,
lo agradezco y me lleno de alegría.

"El Amor es algo que si lo regalas,
regresa a ti multiplicado".
El Amor es eso y mucho más,
lo comprendo y lo integro.

Muy buena lección para un día normal,
sabes lo que ocupo
y me lo das al instante.
Me envías los mensajes,
a veces muy informal.
Tal vez para que me esfuerce
y sin formalidad yo los capte.

Quiero que sepas

Lo que sí quiero que sepas
es que mi corazón late de gusto
cada vez que tú te acercas,
y siento pasear la esperanza
muy adentro por mis venas,
e irradio una sonrisa
que se refleja hacia lo alto,
que ilumina todo el cielo,
como en un día despejado.

Y mi mente empieza
a inventar historias bellas y emotivas
dónde estamos todos juntos,
expresando esta armonía.
Y seguimos muy felices,
contagiando esta alegría
a todo el ser viviente
que percibe nuestra cercanía.

Como todo se contagia,
les contagio mi alegría.

Cuando aprendemos a vivir en la conciencia de Unidad, al ver al otro me veré a mí mismo, y comprendo que el otro puede ayudarme a despertar. Nos ayuda a diferenciar las cosas vanas de las que tienen valor. Las reales de las irreales y nos lleva a ver la verdad reflejada en el otro. Si no me gusta lo que veo, que sepa que lo puedo cambiar en mí. Como dice un curso de Milagros: "Quiero ver la verdad de esta situación".

Esos versos

Esos versos te lo juro,
hicieron mi ser vibrar.
Hoy no tengo ni un apuro,
que en mi alma han de quedar.

Los sentimientos por siempre
Nos harán suspirar.
Al fin y al cabo eso es todo
lo que nos hemos de llevar.

Si todos en sí somos uno,
y a ti sin buscarte te encontré.
Alejado de mí no has estado.
Cuando te vea, a mí me veré.

El Amor por siempre es.
Esa es su cualidad.
Quiero ver lo que tú ves.
Esa es toda mi verdad.

Hoy por hoy estoy feliz,
por si quieres preguntar.
Incluido está el tapiz
que al Amor quería ocultar.

Al Amor no se le oculta,

por más que quieras fingir.

Desde lejos se te nota,

no lo ocultas ni al dormir.

Lo que eres

Eres el oxígeno que absorbo cada día al respirar.

Eres la llegada de ese nuevo despertar.

Eres el pensamiento que aparece cuando pienso.

Eres el Amor primero de una bella adolescente.

Eres ese sol que alumbra y permanece.

Eres ese todo que me inunda y me engrandece.

Tu amor es como el rio creciente,

se lleva todo pero no se ausenta,

está ansioso de llegar a su destino

donde hace entrega por el camino

de toda su potencialidad desafiante,

donde no hay espera, ni prisas,

sólo hay libertad constante.

Romance de sueños

Sueño con un romance,

romance de lo inesperado.

Ese juego de adolescentes,

donde la ilusión de verte me ha dominado.

Romance de sueños hecho realidad.

Romance de sueños de niños en su despertar.

Romance de sueños por siempre esperados.

Romance dulce y tierno que siempre he soñado.

Romance atrevido porque está prohibido.

Romance de Amor en pleno candor.

Romance primero,

cuando descubro que te quiero.

Romance añorado que empieza en el pasado.

Romance de ilusión que envuelve al corazón.

Romance adaptado a lo que se ha pactado.

Romance,

simplemente romance de cuentos de hadas.

¿Amor o Ego?

El Amor y el Ego son dos polaridades que están en nosotros, cuando las integramos avanzamos por esta vida sin que nos causen conflictos. El consciente y el inconsciente dentro de uno. Hagamos consciente lo inconsciente.

"La encrucijada" es un poema que surge de un estado de apego, de control, de desesperación por no saber lo que va a pasar. Los seres humanos queremos tener el control en las situaciones y muchas veces también sobre las otras personas. Los queremos cambiar a como dé lugar, y si no cambian, sufrimos y enfermamos.

El no saber si las cosas se van a acomodar nos lleva a la impaciencia.

"La encrucijada" refleja todo eso, habla del Ego, ese que nos impide ver la verdad en cada situación, ese que nos hace dudar, nos aleja de confiar que todo saldrá bien y que sucederá lo mejor para todos, aunque a veces no lo entendamos.

El Ego es lo opuesto al Amor, y para que se complete la ecuación, también es importante conocerlo. Mientras estemos en este mundo, los opuestos formarán parte de nuestro vivir, y si los vemos como complementos, no nos causarán ninguna frustración, los entenderemos; al final, lo que nos quedará es decidir cómo queremos vivir cualquier situación.

La encrucijada

Por más que quiero entender
el laberinto de la vida,
siento que no puedo ver
esto que se avecina.

Las dudas son las limitaciones
que trae consigo el Ego,
ese que impide que despierte
y me regresa si llego.

Más la meta ya está dada,
no importa lo que nos tome,
veremos a nuestra llegada
que es el ego quien se opone.

Desahogo

Finjo que no pasa nada,
pero dentro de mi alma,
hay una tormenta que arrastra,
que me inunda y me devora
y lo que hago es callar.

¿Cómo puedo hacer para no sentir esto?
¿Qué puedo decir si dentro de mí
esto que siento es un tormento?

Estoy apegada a ti
y en mi corazón late un imposible,
y siento que me destrozo por dentro
y no siento que sea visible.

Lo que siento en mí me transforma,
pero hay algo que me ahoga,
y es no poderlo expresar,
porque sé que está prohibido
por estas leyes humanas,
que no entienden y condenan
a los que de verdad se aman.

Mente activa

Pensar.

Función loca de la mente activa.

Ocupación ciega

del inconsciente adictivo.

Incoherencia cardíaca

del corazón en penumbras.

Pensar.

Enfermedad viva

que me arrebata y fulmina,

cuando mi mente reactiva

responde y recrimina.

Acción sin oficio, del Ego

que me alcanza y lastima.

Deseos destructivos

que me acosan y dominan.

Pensamientos dañinos

que se adhieren como parásitos.

Sombras que me acompañan

y que quiero reconocer

porque surgen y enmarañan.

Pensamientos

que son parte del yo pequeño,

que me enseñan que no soy

lo que a veces pienso.

Pensamientos

que cuando los cambio

me llevan a ver la verdad

del Yo maravilloso,

pregonero del Ser grandioso,

que me alienta a descubrir mi

Yo innato y verdadero.

Desapego

Algunas experiencias nos llevan al desapego. Desapego no es no sentir o no importar. Desapego es confiar que en esta vida se nos proporcionará lo que ocupemos porque estamos sostenidos por el Amor.

Desapego es dejar que la vida se exprese para que cada cual llegue a su propio aprendizaje.

Cuando nos damos cuenta de esta verdad, brota una lagrima de desapego, nuestros hijos no son nuestros, son prestados. Escuché a mi abuelita decir esto cuando nació mi primera sobrina. A los 10 días de nacida la llevó junto con mi hermana a dar gracias a Dios frente al altar y le dijo a mi hermana: "Tu hija no es tuya, es prestada, así que ofrécela a Dios, dale gracias por ti y por ella".

Mi abuela era sabia.

Con este poema, entrego a mis hijos a la Vida, ese es Amor sin apego.

Mis hijos no son míos

Mis hijos no son míos,
son el fruto de la vida
que se expresa y se expande.
Vinieron a través de mi,
por ahora yo los cuido
y los enseño a vivir.

Más eso no quiere decir
que vaya a ser todo perfecto,
aunque a veces no lo entienda,
tendrán sus propias experiencias
y en algún momento querré
que no pasen dificultades.

Para ellos será un aprendizaje
que deberán vivir,
les compraré su pasaje
y sólo los bendeciré.

La vida nos da experiencias
de placer y de dolor,
y sin guardar apariencias,
trascenderlas será lo mejor.

Carta a mis hijos

Hijos míos,
mis angelitos hermosos.
Hoy me siento muy feliz
de haberlos disfrutado.

A los 4 yo los amo
y siempre los he amado.
Les deseo de corazón
que sean muy exitosos.

Ha llegado el momento
de que por el mundo
vuelen airosos.
Entreguen todos sus talentos
y lo que les he enseñado.

Hagan siempre lo que les gusta
y sigan así sus sueños.
Manténganse siempre alerta
y de su mundo sean los dueños.

La vida les va a ofrecer
lo que ustedes le pidan.
Estén pues bien despiertos
y sigan así sus anhelos.

Yo estaré orgullosa
contemplando lo que dan,
contentos, amorosos,
felices y sin desvelos.

Yo siempre aquí estaré
por si ocupan de mí ayuda.
Así como he estado
desde que eran pequeños.

Los quiero mucho, hijos míos,
no les quede ninguna duda.
Y cuando quieran los acompañaré.
Seré parte de sus vidas.

Con Amor.
Su mamá.

Te dejo libre mi Amor

Te dejo libre, mi Amor.
Libre de mis juicios,
libre de mi control,
libre de mi angustia,
libre de mis ataduras.

Hoy eres libre.
Vuela hacia horizontes sin fronteras,
donde nada sea un obstáculo para ti,
donde vivas la vida que tú elijas,
donde tengas lo que desees,
donde me recuerdes como un sueño lejano,
como una ilusión mágica
que quedará grabada para siempre.

Con el corazón en la mano,
doy gracias a la vida por haber estado conmigo
y por haber vivido esta magia dulce y divina.
La vivo como una experiencia y la aprendo
como una lección imposible de olvidar.

Vive, pues, lleno de felicidad,
donde nada perturbe tu paz,
donde experimentes la excelencia,

donde no tengas limitaciones ni angustia,
donde el sufrimiento quede muy lejos
de ti,
donde mi Amor no te alcance.

Acepto lo que eliges y respeto lo que decides.
Con un nudo en la garganta
y lleno mi corazón de tristeza te dejo ir,
dejo ir mis ataduras, mis lamentos,
mis apegos, mis limitaciones.
La vida sigue, aunque ya no será la misma,
pues albergo en mí la bella y vivificante
experiencia
de haberte amado hasta la locura.
Completamente segura
de que me has dado lo mejor de ti,
y yo de haberte dado lo mejor de mí.

A la felicidad

La felicidad es como la primavera porque con ella la vida se renueva. Es la sensación de bienestar que se refleja por todos los lugares transitados, donde la vida llena el espacio en el que te encuentras.

La felicidad

La felicidad es esporádica,
pero cuando está, todo lo transforma.
Se siente en todo tu ser,
el corazón se acelera,
las palpitaciones están como
revolucionadas.

La felicidad se contagia,
se siente y se acumula
como por arte de magia.
El ambiente se transforma,
y cuando la descubres…

Sueles expresar:
¡esta es mi verdad!
¡Yo soy la felicidad!,
¡yo soy la que me transformo!
Yo soy la que expreso la dicha.
Yo soy la que la conforma.

Este poema fue inspirado en la idealización de un día perfecto, esos que muchas veces tenemos pero pasamos desapercibidos por estar atentos a lo negativo de la vida. Pongamos atención a nuestros días perfectos y veremos que se repiten con más frecuencia. El estar en unidad con la Divinidad nos hace observar lo creado y apreciamos las bellezas del universo. Mientras más tiempo estemos en tiempo presente, más vamos despertando.

Hoy

Hoy el día me sonríe, todo fluye perfecto.

Al verlo sonreír, muy pronto yo me conecto.

Aparece la armonía, y así llega con el día,

la esperanza que se anida,

en la paz y la alegría.

Luces de colores aparecen,

el cielo es azul intenso.

La naturaleza del paisaje

me recuerda tu presencia inigualable.

Me siento muy dichosa,

de poder observar esto.

Me consume la ternura de pensar,

que creaste este universo.

Cuando llegue a mí la duda

o me sorprenda enfadada,

Se tú el que me conduzca

a tu presencia sagrada.

Llévame a tu presente

con Amor y sin esfuerzo,

que en tu presente eterno

se quede mi ser impreso.

El poema que sigue surgió en un momento de estar experimentando la tristeza. En mi desesperación por estar bien y feliz, siento que la felicidad tarda mucho en regresar. La felicidad retrasada llega como colegiala, agitada y con prisa. Cuando reconozco que yo soy la felicidad, mucho más rápido vuelvo a mi estado de ser natural.

Somos la felicidad, eso no lo dudemos, conectemos con nuestra fuente creadora y verán que, al estar felices, haremos su voluntad, pero aún más, si integramos esa dualidad, estaremos tranquilos donde nos encontremos.

Felicidad retrasada

No sé si lloro de gusto o de pesar,
pero de mis ojos brotan lágrimas de cristal,
el llanto es inconsolable,
me recuerda lo indisoluble.
Sufro y me acongojo.
No puedo creerlo, es inexplicable.

Mi corazón se encoje,
se presiona y se entristece,
parece que la felicidad
se está tardando en llegar,
es mi mejor invitada,
tal parece que por hoy,
ya debe estar retrasada.

Aunque se retrase, yo la espero,
la felicidad llega como colegiala,
corriendo, y toda agitada
cambiando de alegría el ambiente.

Es mejor tarde que nunca,
la felicidad llega al fin,
la felicidad y yo somos una,

ella es imprescindible

aunque a veces se me trunca;

cuando recuerdo que soy ella,

lo que me da, me sustenta.

¿Qué es la felicidad?

¿Qué es la felicidad?
Hoy quiero reflexionar.
Sí, quiero ver la verdad.
No puedo disimular.
Empezaré por describir
qué es lo que ella no es.
Y les quiero compartir
lo que creo en mí, que es.

Felicidad no es reír todo el tiempo,
no es cantar una canción,
mucho menos repartir
regalos por obligación.
La felicidad se siente
entre el pecho y el esternón.
Esa armonía no miente,
Pues está en el corazón.

Si preguntas si es verdad,
sólo tienes que sentir,
la verdad es sólo unidad
La separación es mentir.
Es muy simple, se los juro.
No tiene complicación.

Hace al Ser aún más maduro.
No tiene comparación.

Felices son los que ríen,
a veces también los que lloran;
los que disfrutan y reparten
bendiciones cuando oran.
Felicidad también es,
vivir bien y no juzgar.
Amar sin esperar.
Y también libertad dar.

Amar y sin condición.
Llenarlo todo de Amor.
Ser Congruente de a montón,
sintiendo así tu fervor.
Sólo una cosa te pido,
sea lo que sea que creas,
no esperes haberte ido.
Practica ser feliz, hasta que lo seas.
Y si por alguna razón no lo logras,
nunca te dejes vencer.
Ser feliz debería ser,
nuestra razón de crecer.
Una razón para Ser.
Y también para Vivir,

Vivir, Ser y Aprender.
Otra forma de Vivir.

La felicidad es muy simple.
Hay que reconocer lo que es.
En el alma está tu temple.
La felicidad eres tú, si lo crees.
¿Yo soy la felicidad?
La felicidad eres tú, es tu estado natural.
Tú, yo y todo Ser.
Quitando la resistencia,
que no nos deja entender.

Cuando pasamos por algún momento difícil en la vida, no sólo nos encontramos acongojados y sin rumbo. También sentimos como si se nos cerrarán las puertas, no encontramos la salida. Al empezar a conectar con nuestro interior, puede ser que la situación no sea tan difícil de como la veíamos.

Al verlo de diferente manera, le damos un giro y empezaremos a encontrar un mundo de posibilidades. Soluciones que se irán desplegando conforme cambiemos de actitud.

Pronto nos estaremos riendo de las resistencias que ponemos a nuestra felicidad interior. Este poema describe cómo cuando estamos felices se abren puertas y encontramos soluciones.

De adentro hacia afuera

Mi alma sonríe y mi rostro lo expresa.

¡Qué dicha inmensa siente mi corazón!

¡Qué júbilo sale del interior!

Siento como todo por dentro se mueve

y percibo esa alegría.

Cosquilleos por doquier,

una sensación de bien ser,

vibraciones por todo el cuerpo

resaltan al saber,

que la sonrisa ahí se encuentra.

Es un estado de felicidad el que siento,

la sonrisa sigue ahí, mostrando su existir.

Es cierto que no hay razón para ser feliz,

ese estado lo tenemos con nosotros,

y cuando queramos lo podemos conseguir.

Lo único que tenemos que hacer

es dejarlo aparecer,

siendo felices,

sin dejar de sonreír.

Aceptar a todo mundo
y permitir que sean lo que son,
que aunque no lo entendamos,
cada cual sigue su misión.

Vivamos en armonía,
sigamos al corazón.
Alimentemos la fuerza
que genera esa conexión.
De adentro hacia afuera
expresemos la sensación,
lo que verdaderamente somos
está en nuestro interior
y está conectado con el Ser Superior.

Equilibrio y flexibilidad

Busco mi equilibrio en medio del ambiente.
Me hago flexible a lo que vivo.
Sé que todo me ayuda a percibir a la gente.
Y al hacerme flexible el pasado lo archivo.

Y si creo que es prohibido
ni siquiera lo concibo.
Si me aferro al dolor,
crecerá otra creencia.
Al pensar en el sufrir,
dejo de sonreír,
y si quiero ser feliz,
eso tengo que cambiar.

Buscaré hacer las cosas
que me llevan a gozar.
El gozo y la felicidad
muy dentro de mí deben de estar,
pues son las que quiero tener
y las debo alimentar.

¡Qué feliz soy escribiendo!
Llena mi vida de placer.
Disfruto cada tecla que aprieto,

y cuando leo lo que sale,

ni yo me lo puedo creer.

Alguien más me hace los dictados,

pues están tan bien creados,

que doy gracias a Dios por lo que leo.

Fluir en la flexibilidad

es mi nueva aplicación.

Me llevará a saber que lo que quiero

es inventar mi canción.

Cuando invente mi canción,

sólo la compartiré.

Y al compartirla sabré

que lo que dice,

es lo que aportaré.

La felicidad se complementa con las pequeñas grandes cosas, esas cosas que son de valor, pero que por vivir con las prisas nos olvidamos de observarlas o las damos por hecho y pasan desapercibidas. ¿Cuántas pequeñas grandes cosas conoces? Deja volar tu imaginación, sé generoso contigo y regálalas al mundo.

Este poema muestra algunas de ellas. Fue inspirado en el libro de J.J. Benítez titulado *A 33.000 pies*.

Las pequeñas grandes cosas

Las pequeñas grandes cosas
que la vida nos ofrece
son esas pequeñas cosas
que nos llegan y nos mueven.

El calor de una mirada,
tierna, compasiva y amable.
La sonrisa tierna de un niño,
que se nos hace admirable.

La entrega amorosa,
de una Madre piadosa.
Los colores del arcoíris
reflejándose en la rosa.

La belleza de la flor,
expuesta a nuestra mirada.
La profundidad del mar,
presintiendo nuestra llegada.

La iluminación del sol,
sobre nuestra madre tierra,
que ayuda a brotar la vida,
sobre esta gran esfera.

El canto de los pájaros,
anunciando el nuevo día.
La nota musical
en cada melodía.

La inspiración que brota,
en el alma enamorada.
El latir del corazón,
llenando cada alborada.

La esperanza callada,
invadiendo una ilusión.
La bendición de una madre
que ofrece en su oración.

El oxígeno puro y fresco
llenando nuestros pulmones.
La caricia apasionada
que inunda los corazones.

El abrazo sincero,
en los días de aflicción.
El atardecer inolvidable
que llega al corazón.

El viento que sopla firme
y nos acaricia con su brisa.

La lluvia que cae fresca
alimentando la naturaleza.

El regreso de la lluvia,
en el ciclo fluvial.
La luna que se desplaza
y el río que se desagua.

La armonía del ambiente,
donde se encuentra la gente.
La quietud en el silencio,
donde escuchamos el viento.

Las palabras de aliento,
que compartimos en su momento.
La entrega llena de Amor,
de Dios nuestro amoroso creador.

Esas pequeñas grandes
cosas que nos dan felicidad,
en mi vida quiero integrarlas
y cultivar un mundo lleno de bondad.

Te quedas a mi lado

Llegas y te acurrucas en mi almohada.

Tu cuerpo me transmite calor,

mis pies fríos rápido se calientan,

reciben tu amor.

La noche está a la espera.

Luna, cielo, mar, arena

y un universo de estrellas

conspiran a nuestro favor.

El ruido de las olas

que interrumpen el silencio,

acogen nuestro esplendor.

Sueños felices

se apoderan de nuestras almas,

mueven nuestros labios

y hacen nuestro corazón sonreír.

Sigamos soñando

y cuando despertemos de este sueño,

la realidad nos transformará en seres felices

que disfrutan lo que viven,

aunque lo que vivan no sea ni una pizca

de lo que han soñado en la vida.

Sueños en versos

Ese verso me hace sonreír,
me mueve los labios
y hace a mi corazón latir.
Lo mismo quiero que te pase a ti.
Que se muevan tus labios
y hagan a tu corazón sonreír.

Ya que están nuestros
corazones sonriendo,
soñemos con la idea
de tener sueños felices.

Sueño que tus ojos me sonríen,
que me observan con deleite,
aunque sólo sea un recuerdo
de cuando eras adolescente.

Tus labios se mueven
y me ofrecen un beso,
que mueve los míos
y me hace que despierte.
Aún despierta sigo soñando.
Y veo tu corazón sonreír,
lo siento vibrar,

pues aunque no estés cerca,

el sueño hace que en la imaginación

las distancias trasciendan.

No importa que estés lejos,

mi corazón siente al tuyo

y yo siento a mi lado tu presencia.

La tristeza

La tristeza es lo opuesto a la felicidad. En ciertos momentos la experimentamos. Mientras estemos en la tierra, vamos a sentir estas dos emociones. Démosles la bienvenida y sigamos adelante. Vivamos lo que la vida nos presente.

Si existe la felicidad, también puede haber tristezas. Este poema surge en un momento de tristeza, la reconocí y dejé que mi pluma la describiera. Muchas veces pensamos que sólo hay que estar felices, inclinándonos hacia una polaridad, no sabiendo que cuando expresamos las dos polaridades aprendemos a caminar por el sendero del medio ese que nos enseña Buda. Cuando aprendamos a usar los opuestos sin que nos causen conflictos, seremos adultos emocionales o, como dice el doctor Bruce Lipton, "adultos de Dios". Podremos disfrutar cuando estemos felices e indagar cuando nos sintamos tristes. Si la tristeza viene a visitarte, recíbela. Ella trae una lección para liberarte. Trae una oportunidad de que observes algún programa inconsciente. Cuando observas el programa, éste deja de tener fuerza, el observar sin juicio te puede ayudar en la toma de conciencia.

La tristeza

La tristeza vino a visitarme,
y no la dejaba entrar.
No sabía que es parte de mi otro yo,
del yo que niego, del yo que oculto
y no dejo aflorar.

Ven, tristeza, entra, siéntate a mi lado,
acompáñame.
Sé que tienes algo que decirme.
Ven, vamos a platicar.

La tristeza se sentó a mi lado
y detalladamente me contó su historia:
"Yo antes no era tristeza, yo era Felicidad,
pero entendí que no pasa nada,
si en tristeza quiero estar".
Si permito que ella me hable
y yo la dejo pasar,
me acompañará por un rato
y luego se marchará.
Desde entonces es mi amiga,
pues yo la dejé pasar
a ser parte de mi vida
y no quererla ocultar.

Gracias, amiga tristeza,
ven cuando quieras llegar,
siéntate y háblame de tu vida,
que yo te quiero escuchar.
Yo sé que cuando te vayas,
siempre en paz me has de dejar.

Me dejas muy bien, tristeza,
ya no te quiero juzgar,
si llegas y me acompañas
o vienes a visitar.
Te tendré pues como amiga
y a la vez también tendré,
la felicidad que quiero
y juntas las dejaré.

Tristeza y felicidad.
Forman parte de mi vida,
las usaré para expresarme,
ya no las rechazaré.
Si triste o feliz me encuentro,
también lo disfrutaré.
¡Las quiero, amigas mías!
Yo sólo quiero entender,
que mientras esté en éste mundo,
opuestos he de tener.

Por ahí dicen que la tristeza
es ausencia de felicidad,
yo digo que a ti y a mí,
nos pueden dar libertad.

Todo eso pasará

A veces las cosas
no son como las planeamos.
Y cuando eso sucede,
acceder a la fuente,
puede ser la solución.
Ser feliz de todos modos,
pues me doy cuenta de pronto,
y me digo, también eso pasará.

En los momentos de aflicción,
lo mejor es elevar una oración
y dar gracias por lo que es.
Esto que es no me gusta,
aún así lo acepto con angustia.
Si pudiera elegir,
elegiría eliminar el dolor,
la vida duele a veces,
no es lo que yo quisiera.
Y sin embargo lo vivo,
porque aunque sea difícil;
sé de plano que de pronto,
todo eso pasará.

Vuelve mi amiga tristeza

Hoy volvió mi amiga tristeza,
acompañada con desolación.
Venían a traer la noticia,
que todo se acababa entre tú y yo.

Lentamente las deje entrar,
me senté muy cerca de ellas
y entre llanto y sollozos,
les conté todas mis penas.

Les dije cómo me duele
que te hubiera encontrado tarde,
que lamento y no soporto
que no estuvieras aquí antes.

También ellas sollozaron
y a llorar me acompañaron,
pues muy triste y desolada,
en ese momento yo estaba.
De cualquier manera agradezco,
porque coincidimos aquí;
la vida tiene sus designios
y a cambiarlos no la convencí.

Triste y desolada me alejé,
dejé ir la tristeza, a la vez;
y al dejarla ir comprobé,
que al irse ella, feliz me encontré.

Mi alma recupera la calma

Me pierdo en las sombras,
las emociones desgarran mi alma,
oigo un fuerte estruendo
que se apodera de mi calma.
Hay lluvia en el exterior,
cayendo tenue y constante,
la brisa se siente fresca
y se siente en todas partes.

Ya no sé si es lluvia afuera
o llueve dentro de mí,
mi alma teme a la espera
de que no estés aquí.
La luna se quiere asomar
entre las nubes de algodón,
pero es tanta su rapidez,
que sólo asoma un rayo,
brillante y juguetón.

Mis ojos llenos de llanto,
hacen que llueva aquí dentro,
y se confunde mi llanto,
con la lluvia y no te encuentro.

El cielo se desahoga
y se queda despejado,
mi alma también desahoga
este dolor acumulado.

Soy presa de un desconsuelo
y no sé cómo soltarlo
me ahoga y me atrapa,
mucho antes de atraparlo.
Las emociones de bajo nivel,
me consumen por ahora,
las dejo que se expresen,
para ver si se liberan.

Al expresarlas siento alivio,
que transforma el entorno,
el viento se siente tibio
y con el yo me conformo.
Mi pecho suelta un suspiro
y con él yo me transformo,
el llanto se aleja, y yo permito
que mi alma recupere la calma.

Vivencias

La vida nos lleva por muchos caminos y nos dirige a las vivencias que son muy personales, vivencias únicas, vivencias que nos enseñan que somos lo que venimos a vivir. Esas vivencias nos traen lecciones, nos traen experiencias que nos darán el aprendizaje y la sabiduría.

Las vivencias son únicas y personales, cada uno pasamos por experiencias exclusivas, donde sólo quedan los recuerdos.

Ahora, quiero compartir mis vivencias contigo. La vida está llena de memorias, si escribiéramos todo lo vivido, serían páginas y páginas de escritos que no tendrían final.

El bullicio de la ciudad

Gente pasando, gente llegando,

unos tranquilos, otros apresurados.

Mucho movimiento, muchas prisas,

yo observo todo cómo se moviliza.

Algunas citas, otros en espera,

gente de todo tipo

caminando sobre una esfera.

Niños hermosos, disfrutando su paseo.

Jóvenes tranquilos, disfrutando el pachangueo.

La ciudad alborotada, viviendo a toda prisa,

y otros muchos que se mueren,

pero de la risa.

Gente que corre, gente que va lenta.

Gente que camina, otra tanta muy apuesta.

Gente calmada, gente con prisa,

gente que va por ahí, buscando una sonrisa.

Una fuente a medio camino,

armonizando el ambiente,

la belleza del poblado, donde se

encuentra la gente buscando por su

destino.

Cuando veo las noticias en la televisión y observo la violencia que hay en nuestro mundo, una gota de inspiración surge y empiezo a hacerme estas preguntas que plasmo en esta reflexión. Sale lo que obtendríamos si estuviéramos en paz. Para que haya paz en el mundo, primero tiene que haber paz en nuestros corazones.

Empecemos por nosotros mismos.

Como dijo Rumi: "Ayer era inteligente y quería cambiar al mundo, hoy soy sabio y quiero cambiarme a mí".

La llamada a la paz

¿Qué es la paz? Me pregunto curiosa.

¿Será la ausencia de guerra?

¿O será el derrame de Amor?

¿Qué es la guerra? Quisiera saber.

¿Será que hay demasiada ignorancia

o serán los deseos de venganza?

¿Será el deseo de poder más

o la falta de información?

¿Será todo lo aprendido

o será lo que no queremos cambiar?

La guerra es vivir en supervivencia,

el estrés que ésta genera,

perjudica a toda la esfera.

¿Qué es la paz?

Me pregunto angustiada,

si la paz debería ser

nuestro derecho al nacer.

¿Qué busco con la paz?

Vivir en armonía con todo lo que vive

Vivir unida a todo lo que se percibe.

¿Qué obtengo con la paz?
Me sumerjo en la calma,
me inunda la alegría.
Me lleno de quietud,
ya no me falta armonía.
Mi corazón se inflama,
porque vive en mi alma.

El gozo y la emoción
cambiaron mi sintonía.
Vivo en armonía, contagio mi alegría,
dejo atrás la ilusión,
y me aferro a ese estado de creación.

Vivir en soledad

Vivir en soledad me ayuda a encontrar
las cosas que quiero hacer
y también me ayuda a entender
lo que quiero conseguir.

Vivir en soledad, depende como lo vea,
es no tener interrupciones
ni esperar aportaciones.
Vivir conmigo misma,
es encontrar mi camino
y darme cuenta de cuán simple
es mi destino.

Vivir en soledad no es estar alejada,
más bien es estar conectada,
rendirme y aceptar la vivencia.

Vivir en soledad
no quiere decir que me sienta sola,
porque entiendo
que si estoy conmigo misma,
nunca más estaré sola.

Una estrella bailarina

Una estrella bailarina
salió a mi encuentro un día
y luciendo su mejor brillo,
me sonrió de pronto y dijo:
¿Qué te pasa, amiga mía?
Te regalo este brillo
para que te vistas de gala.
Yo sorprendida volteé
y curiosa la observé.

Muy pequeña la estrellita,
siguió brillando y sonriendo,
capturando nuestro encuentro
en el inmenso firmamento;
con su luz propia brillaba,
esperando la respuesta,
de lo que a mí me pasaba.

Cielo gris

El gris del cielo
acaricia mis mejillas,
la brisa llega sin prisa.
Observo el ambiente
y noto las nubes cambiando.
Una sensación de asombro
hacia esa belleza me inunda,
sale un suspiro de añoranza.

La alegría al ver esa obra me conmueve,
y sólo agradezco al pintor,
que con sus manos creativas
creó el cielo y sus compuestos.
Un pintor de primera clase,
que imagina y lo que imagina aparece.

¿Quién es el que hizo que yo apareciera?
La fuente divina que nos sostiene
y que está a la espera de nuestro regreso.

Tengo una nota

Tengo una nota en blanco,
esperando ser llenada;
me siento quieta en el banco,
con mi libreta preparada.

Dejo que lleguen los dictados
y me encuentro bien atenta,
me encuentro a la espera,
de cualquier idea que aparezca.

Los versos llegan volando,
presiono al momento las letras
y mientras voy seleccionando
dejo que más ideas aparezcan.

Juntas se van formando,
las frases que van llegando.
Me hundo en la imaginación,
y encuentro nueva inspiración.

Y noto como mi corazón flota.
Goza, se expande y disfruta,
mientras que la hoja en blanco
poco a poco se va llenando.

Me alegro y soy feliz
cuando releo los dictados;
estoy siendo una aprendiz,
de los dictados que quedan grabados.
Estos dictados los quiero compartir,
con todos los que los lean;
háganlos suyos que al fin,
lo inspirado se queda
en el archivo de los recuerdos.

Mi corazón está lleno

Mi corazón está lleno
de sonrisas a destiempo,
pues los versos que escuché,
llenaron de alegría mi Ser.
Están escritos para mí
como también lo está
la brisa del amanecer.

Al ver el arcoíris que aparece,
después de la lluvia tempestuosa.
Es una sonrisa y una promesa
de que acabará la tormenta.

Poco a poco llega la calma
formando un arco de luces.
Es un alivio para el alma
cuando la lluvia cesa.

Escuchar el canto de los pájaros,
es melodía para mis oídos,
cantos sonoros y entonados
al cantar se sienten realizados.

Observar el sol, perderse en el poniente
y apreciar la luz que se aleja,

dejando pasar la oscuridad

para permitir que las estrellas aparezcan.

Dios le hace un guiño a la esperanza,

en la distancia del infinito.

Y al observar el universo,

el poeta escribe un verso.

Perderme en mis recuerdos,

divagando con los sueños,

es repetir lo aprendido

Y revivir lo vivido.

Él y la son: ELLA

Él espera cada día

la aparición de la lluvia;

se regocija cuando la ve llegar,

posee su hermosura y se funde con ella.

El cielo los observa,

gozando ese encuentro,

la montaña los protege,

resguardándolos en la pradera.

Coinciden tan bien el uno con la otra,

que juntos forman una sola fuerza.

Él la recibe en la copa,

y la observa con deleite,

quedándose extasiado ante su belleza.

Juntos son el amanecer

rodeándose de la luz.

Concuerdan en complicidad,

nada les estorba.

Su afinidad es tanta,

que no ocupan pronunciar palabras.

Él le envía un suspiro,

y se conectan con las miradas.

Ella es el sol y la mar.

Ella es el árbol y la lluvia.

Ella es el caballero y la dama.

Ella es el suspiro y la calma.

Ella es el poema y la musa.

Ella es el silencio y la música.

Ella es el tono en la guitarra.

Ella es el camino y la vida.

Ella es el imposible y la esperanza.

Ella es el arbusto y la rama.

Ella es el río y la presa.

Ella es el todo y la nada.

Ella es el viento y la niebla.

Ella es el invento y la creatividad.

Ella es el conocimiento y la sabiduría.

Ella es simplemente él y la.

Unidos sin espacio, sin tiempo y sin cuerpo.

ELLA.

Continúo mi camino

Continúo mi camino,
avanzo hacia adelante,
conquisto la belleza
que viene muy, muy radiante.

A despertar me lleva,
la vida que es completa;
me trae lo que le pido,
aunque aún no esté despierta.

El mundo es irreal
y yo así lo vivo y lo acepto,
porque sé que al final,
me enseñará sus preceptos.

Una frase conocida
que yo siempre he usado:
"no volverte para atrás
ni pa' agarrar lo soltado".

El Sol juguetón

El sol juguetón se asoma
por entre medio de los árboles
haciéndome unas señales
y perdiéndose en las sombras.

El sol juguetón se asoma
dejándome ver los rayos,
lo alegre de una paloma,
que se posa en los tallos.

El sol juguetón se asoma
buscándome con sus rayos,
colmando de luz mi cielo,
y dándome su consuelo.

El sol juguetón se asoma
iluminando el poblado,
entrando entre las rejillas,
de los techos maltratados.

Un nuevo día nos espera

Cada día es un nuevo día.

Cada día un nuevo día nos espera.

Cada amanecer

a un nuevo despertar nos lleva.

El sol se asoma y nos regala su luz.

El sol no se va. Él siempre está,

realizando su función

desde el amanecer

hasta que no lo podemos ver.

Quédate tú aquí, así como el sol,

permanece por siempre,

llenándome de luz viviente.

y este amor que crece,

como el río y su cauce,

que no se aleje,

que permanezca en nuestros corazones,

cada momento y en cada instante.

Mi cambio

Estoy en la cima.
La Vida me ofrece un cambio.
Mientras todo se acomoda,
aprendo y de ella sigo tirando.

El cambio viene solo,
no tengo que hacer nada,
sólo dejo que la vida de vueltas,
mientras todo se dispersa.

La vida es una sabia,
yo quiero aprender de ella,
las subidas y bajadas
son lecciones acordadas.

El sendero recto nos señala
que todo tiene su efecto
y si el camino es recto
nos dice que sólo hay desierto.

Mi jardín

Hoy visité mi jardín.
El día era nublado y fresco.
Las nubes caídas y sin fin.
Y yo sentada en el peñasco.

Mis ojos se maravillaron,
mis pulmones se llenaron,
todo mi ser se encausó
hacia tu ser adorado.

Recordé cuando en mi infancia
solía visitar el arroyo.
Tan sólo para ver las aguas,
el estruendo y el embrollo.

Esos días que pasaba,
mi infancia muy inocente,
teniendo junta a mi gente,
tan querida que yo amaba.

Disfruté tanto el momento,
que quería pasar más tiempo.
Pero el tiempo va muy rápido,
cuando quieres que vaya lento.

Qué importa si es un instante,

lo importante es disfrutarlo.

El disfrute es constante,

tanto que hay que atraparlo.

Entre el cielo y la mar

Estoy entre el cielo y la mar.
La noche es callada.
Las estrellas aparecen una a una,
me iluminan con su brillar.
El ruido de las olas arrullan mi soñar
y en un eco vacío las escucho chocar.

La luna se une a esta belleza romántica.
Mar de mis ensueños,
tus olas se golpean una con otra
creando un bufido fuerte pero relajante.

El ambiente me parece libre de expresión.
¿Qué puedo decirte que no te hayan dicho?
¿Qué podría expresar si en mi pecho
tengo un nudo contenido?

El viento del oeste te azota,
eres tempestuoso y mereces mi respeto.
No puedo evitar sentirme nostálgica,
pues tan solo de imaginar tu inmensidad
me siento pequeña;
pero no importa, tu presencia es mágica,
genera en mí, la quietud renovada.

Mar

Estoy frente al mar,
ese desconocido, infinito
y salvaje mar profundo.
Las olas tocan mi cuerpo,
van subiendo desde mis pies
hasta donde yo lo permito ser.

Tengo la sensación de paz,
frente a mi tengo a la vastedad,
sus tonos van variando,
es como un reflejo del cielo.
Es una ilusión el pensar
que mar y cielo unidos están.
Son capas y capas
de variación de tonos azules,
desde el azul claro hasta el azul marino.

Y de repente, brotan de él
las olas blanquizcas,
revolcando la arena, jaladas por la marea
y haciendo un ruido característico,
cuando las olas chocan unas con otras.

Mar, eres inmenso y te respeto,
pues en tu desesperada resaca,

puedes ser voraz e implacable

con lo pequeño de mi tamaño

comparado con tu grandiosidad.

Déjame disfrutarte una vez más,

pero sobre todo permíteme contemplarte,

con tu variación de tonos azules,

eres admirable.

No encuentro las palabras exactas

para describirte,

es un acercamiento a tu imponencia.

Mar, estás pegado a la tierra.

Ella es tu atracción y tú eres su complemento.

¿Qué sería de ti si te separaras de ella?

Por más que intento no puedo comprenderlo.

¿Te irías al espacio donde están

todas las estrellas,

y tú fundirías su brillo con tus aguas

en un corto circuito?

Es una incógnita no resuelta.

La verdad es que yo disfruto

mucho tu presencia

y dejar que tus aguas frías

toquen mi pies descalzos.

Y si pudiera pedir algo,
pediría que tus aguas me protejan
y yo siga disfrutando aquí, junto contigo...
en este lugar magnifico.

Mi familia

Qué alegría estar con mi familia.
Me la paso de lo mejor.
Hasta el sueño se concilia.
Nos damos todo el AMOR.
Reímos, cantamos y a veces lloramos;
unidos y alegres por el mundo vamos.

Compartimos nuestras vivencias,
y a veces también dolencias.
Mi familia es importante,
pues ahí está siempre constante.
Me escuchan y saben que estoy.
Pero también saben lo que yo soy.
Mi vida no sería la misma,
si yo no contara con esta familia.
Mi alegría es tanta que sólo confirma,
que yo soy feliz en esta familia.

Se nos cayó el avión

Se nos cayó el avión,

cuando iba levantando su vuelo.

No lo sé, pero, ¡vale la pena soñar el cielo!

El cielo se tornó gris,

un fuerte estruendo surgió de la nada,

chispas y partículas nos amenazan,

y llegan de madrugada.

La esperanza llega y nos alcanza,

la esperanza que percibo es una,

la que nos protege y se lanza,

al encuentro en medio de la bruma.

Ya no nos asusta nada,

Y no hace falta correr.

Si la verdad alberga tu llegada,

la verdad nos sostendrá al caer.

Un día lluvioso

Un día lluvioso, ¡me encanta!
El gris del cielo aquieta mi mente.
La paz se anida en mí pecho.
Mi corazón se expande,
creando una burbuja muy grande.

Los recuerdos llegan a mí,
te veo en la distancia,
pareces lejos pero estás muy cerca.
Estás aquí, te puedo sentir,
mi corazón late aceleradamente,
lo dejo ser,
siento la vida como corre por mis venas.
Estoy viva y disfruto de eso.
Sólo agradezco a Dios,
el privilegio de permitirme
tener esta experiencia
y poderla guardar en la memoria.
Gracias por estar ahí para mí.
Gracias por irrumpir en mi vida.
Gracias por entenderme.
Gracias por no hacer juicios.
Gracias por ser sensible
Gracias por ser mi poeta.

Tierra

Te veo desde lo alto
y veo como te alumbran,
pareces una red de estrellas
perdidas entre la bruma.

Mi corazón vibra al unísono,
buscando el tuyo alumbrado,
eres majestuosa y no he logrado
ver tu fin en ningún lado.

Tu superficie es rocosa,
tus montañas majestuosas,
cubiertas de árboles y hierbas
en las colinas espesas

La hierba crece, tú la alimentas,
la nutres con tu belleza,
crecen árboles en los bosques,
complementando tu naturaleza.

Te observo y afirmo:
"Qué inteligente eres,
pues cuentas con todos los climas
alrededor de la biósfera".

Tierra es tu nombre de pila,
pues con ese te bautizaron,
me pregunto si tú sabes
lo que habita tu corteza.

Las aguas que te rodean
se encuentran llenas de seres vivos
la vida la llevas en todos los rincones
y la sustentas, pues la vida
es perfecta en todos tus confines.

También a nosotros nos sustentas,
proporcionas con cuidado
alimento para todo ser vivo.
Gracias, globo terráqueo,
Gracias por darnos tu abrigo.

Noche callada

Llegas en la noche callada,
la luna ilumina tierra y mar.
Las estrellas tienen un brillo inusual,
yo aquí como siempre te espero.
Mis ansias por este encuentro
son muy latentes.
No consigo comprender
qué le ocurre a mi ser,
te siento lejos y mi mente te presiente.
¿Qué es lo que voy a hacer?
Si en vez de olvidarte,
te quiero hoy más que siempre.

Mis manos

Mis manos se funden con las tuyas,
formando una unión perfecta,
te complementas conmigo en todo,
mi dicha es tan grande que nada me afecta.

Quédate así conmigo para siempre,
que de este complemento seamos uno solo,
no te alejes de mi ni un instante,
pues en el sigilo de la noche
sólo podré admirarte.

Al amanecer a tu lado,
mi cuerpo anhela sólo tu cercanía.
Qué es eso que me has dado
que alejarme de ti no podría.

¿Dónde está la inspiración?

¿Se me fue la inspiración

o también está en cuarentena?

La inspiración espera junto conmigo.

La vida pasa y pasan los miedos al virus.

¿Cómo les digo a mis hermanos

que no hay nada que temer?

Que todo esto es una preparación

a lo que nos van a imponer.

Pero eso no pasará

si estamos preparados.

Si nos alimentamos mejor

y nuestro cuerpo cuidamos.

Lo más importante de todo

es que vivamos bien.

Que hagamos lo que debemos,

donde sea que nos encontremos.

¿Le tenemos miedo al virus?

Si en nosotros tenemos millones,

nuestro cuerpo es tan fuerte,

más de lo que creemos.

¿Que tenemos miedo a morir?
Si la muerte es parte de la vida
y si morimos sólo será un instante,
será un suspiro que nos llevará
a vivir para siempre.

Despertemos y estemos alertas,
el Amor vence al miedo,
la bondad mueve fronteras,
saldremos jubilosos
después de esta tormenta,
siempre vence la verdad
como gana la libertad.

En el mundo hay más gente buena,
sólo que la mala hace mucho más ruido
como cuando el arroyo arrastra maleza;
aún así el mundo fue creado,
para vencer a lo no deseado.

A ti, mujer

Mujer, dentro de tu sensibilidad puedes experimentar todas las emociones. Vívelas, pero tan pronto como puedas, déjalas ir, así es como te liberas. Tu sonrisa es muestra de la dicha que hoy albergas.

Mujer

Te llamaron Mujer
y desde entonces llevas ese nombre.
No eres el nombre,
tampoco lo que piensan que eres.

Por mucho tiempo te limitaron,
te sometieron, te esclavizaron y te repudiaron.
Mujer es tiempo de tu surgir y tu despertar.
Eres mucho más que un sólo nombre.

Eres la fortaleza en momentos de debilidad.
Eres pacificadora en momentos de ansiedad.
Eres el consuelo en momentos de aflicción.
Amas mucho y al amar entregas el corazón.

Tu sexto sentido advierte el peligro.
La vida la vives en pos del servicio.
Eres hija, amiga, compañera,
esposa, Madre y abuela.
Eres la que alberga la vida,
la guardas y la transmites.

Por eso, Mujer,
valora tu función maternal,
para que esos seres

a los que das acogida y cobijo,

sean fuertes y valiosos,

llenos de seguridad,

porque tu se las contagias.

Cuídate, valórate, apréciate, ámate.

No esperes que alguien lo haga por ti.

No eres las etiquetas que te cuelgan,

ni eres lo que otros te piden que seas.

Si por ser lo que eres asustas a los hombres,

no por eso dejes de ser lo que ya eres.

Eres el valor que Dios te ha dado,

eres la calma en las tempestades.

Eres entrega, armonía, consuelo

y aunque te llaman el ser débil

eres más fuerte de lo que todos piensan.

Lo que te toca vivir, lo haces valiente,

enfrentas la vida a como te llegue.

No eres el papel que desempeñas

pero si eres el Ser que creó Dios

y con el que sueñas.

Es el tiempo de volar

y hacer lo que siempre soñaste.

Crece, lucha, coopera, aprende

y que ese Ser que por dentro tienes,
refulja y brille feliz y contenta.

No te compares nunca con el hombre
pues cada uno tiene su papel que desempeña.
Cuando aceptemos nosotras esto,
nos complementaremos con ellos
y por el mundo felices seremos.

Que nadie te diga cómo tienes que vivir
Vive y acepta tus experiencias.
Que vengan como vengan,
traen consigo tus propias vivencias.

Lo que soy ahora

Ya no soy esa adolecente

dulce y delicada.

Ahora soy una mujer

fuerte y bien formada.

Un día te dije que era la misma.

Hoy tengo la certeza que no es así.

El nombre es el mismo,

lo que había olvidado es lo que soy.

Ya no soy la que fui,

ahora también soy los libros que leo,

la gente con la que convivo,

los paisajes que veo,

las puestas de sol con las que me rodeo.

La música que escucho

y con la que te recuerdo.

Soy el presente, que baila sonriente.

Soy la alegría que busca la armonía.

Soy la llama que busca tu alma.

Soy el calor que irradia tu amor.

Soy la templanza que siempre te alcanza.

Soy el fuego que arde de nuevo.

Soy esa fuente que emana un torrente.

Soy la paz que busco en tu faz.

Soy la vibración que está en tu corazón.

Soy la sintonía en tus ratos de agonía.

Soy el candor que muestra su fulgor.

Soy lo que tú eres y también lo que tú esperes.

No soy la mujer ideal,

pero si soy con quien se puede estar.

¿Te cuento un cuento?

Era una vez una mujer,
jugando a ser romántica;
le gustaba el amanecer,
la lluvia y el atardecer.

Admiraba las puestas de sol
solía despertar al alba,
escuchaba canciones de Amor
y en tener un Amor soñaba.

Todo estaba en su imaginación,
inventaba sueños de la nada,
lloraba al cantar su canción,
mejor quería estar callada.

Esperaba la lluvia llegar
y observaba admirada la luna
se Imaginaba junto al mar
irradiando Amor y fortuna.

No podía faltar un poema para la mujer que me dio la vida. Me siento muy orgullosa de ella y por medio de este poema le doy las gracias por todo lo que me ha enseñado.

Mamá

Veo a mi Mamá pintando
mi corazón siente un vuelco
me siento feliz por verla,
entregada a lo que hace.

Ella es una artista natural
sus obras están plasmadas
donde nadie las puede borrar.
Las mejores obras las lleva
en medio del corazón.

A parte de ser artista
es una mujer muy fuerte
llena de fe y confianza
en ese Dios que en su crianza,
sus padres le inculcaron.

Para que mejor la conozcan
ella nunca se raja,
nunca dice que no puede,
lo hace todo y por todos,
aprovecha la vida y la vive al máximo.
Su nombre es:
mi Madre.

Soy mujer nuevamente

He sido infante,
he sido niña,
he sido adolescente
y joven de cuerpo y mente.

He sido mujer valiente,
he sido esposa
y también madre.
¿Qué me queda por hacer
de ahora en adelante?

Vuelvo a ser mujer
y como tal quiero plasmar
en las hojas mi pensar.

Estos versos son para mí
pero los quiero compartir
con toda mujer que sienta
que vuelve a ser así.

Ya realicé lo papeles
con los que me identifiqué.
Hija de... esposa de... madre de...
ahora quiero dedicar tiempo para pensar.
No quiero más etiquetas

no quiero más identificación
ahora sólo quiero hacer
lo que me dicta el corazón.

Quiero ser inspiración,
quiero hacer poesía,
quiero por el mundo ir,
contagiando mi alegría.

Los papeles que realicé antes,
los he disfrutado al máximo,
estuve en cada momento,
pero de ahora en adelante,
compartiré mi talento.

Para los hombres

Los valientes seres que nos protegen, que toman su papel muy en serio y que en cierto modo a veces les exigimos mucho porque buscamos que sean perfectos.

Son el complemento perfecto que ocupamos las mujeres y sea lo que sea todos somos igual de importantes.

En un sistema homogéneo y balanceado la vida fluye mucho mejor.

Seamos responsables y realicemos nuestros roles, pero sintámonos libres y seamos coherentes.

Para todos los seres humanos, sean hombres o mujeres, la desvalorización ha hecho estragos y nos ha llevado a vivir en la competencia.

Estamos en un paradigma donde la competencia ya no es necesaria, más bien entremos en ese mundo de cooperación.

Evolucionemos y busquemos unos lazos fuertes e inquebrantables. Dejemos atrás las inseguridades y vivamos airosos.

Al primer hombre que he conocido es mi Padre. Él hizo lo mejor que pudo para mi aprendizaje, muchas veces yo no lo entendí así y este poema refleja mi necesidad de ser aceptada por él.

Papá

Papá.

Mi boca te llama y a ti te reclama.

Papá.

Sonrío cuando te veo.

Papá.

Percibo tu presencia al lado de mi cuna.

Papá.

Me siento segura en tus brazos fuertes.

Papá.

Me Amas y quieres que sea feliz

Papá.

Ocupo una cosa de ti.

Que me digas que me quieres

y que me aceptas desde que nací.

Papá. Te quiero, Papá.

Hombre

Eres un ser dotado de cualidades,
la naturaleza te da la fuerza
que es la que siempre has usado
para proteger y sobrevivir dificultades.

Se te pide que seas fuerte,
valiente y defiendas tu nido
ya es tiempo que te permitas
con el todo estar unido.

La verdadera hombría
está en poder aceptar
que también eres sentimental
y que puedes llegar a llorar.

El prototipo de macho recio
ya no se ocupa en esta era,
concédete a ti mismo mostrar
los sentimientos y poderlos expresar.

Deja atrás la inseguridad
que es la que hace mucho daño
tu papel nadie te lo quitará
ya no eres el hombre de antaño.

Demuestra pues tu dulzura,

deja aflorar tus emociones,

comparte tu ternura.

No eres el papel que te impones.

Padre

No es Padre sólo aquel,
que al amar engendra un hijo,
Padre es el que a pesar de los conflictos,
cumple con lo que dijo.

Padre es estar presente
y sus hijos así lo ven,
no nada más porque piensa
que sus hijos hacen bien.

Un padre educa, enseña,
comparte con todos sus hijos.
Más que nada es un ejemplo
y el ejemplo es lo que vive.

Un padre es diversión
no es estar como gendarme.
Y por si él no lo sabe,
su hija se lo dice:
"Papá, me alegra cuando juegas conmigo.
Cuando tengo mis proyectos
y te interesas en lo que hago.
Cuando me cuentas un cuento
y me cargas si me duermo"
Vamos, papi, a festejarte,
hoy que es, el Día del Padre.

Estaciones del año

Tenemos la dicha de vivir las estaciones del año, esto nos indica cómo hay variedad para que todos elijamos disfrutar la que mejor nos guste y si las disfrutamos todas mucho mejor. La naturaleza las expresa al máximo y para ella todas son importantes.

Cuando la primavera vuelve

Cuando la primavera vuelve.
Los rayos de sol se acercan.
La tierra se prepara,
abre sus receptores
y recibe al sol engalanada.

El día aumenta en claridad,
los árboles muestran sus retoños,
comienzan a despertar
del invierno lleno se ensueños.

Flores por doquier
comienzan a aparecer.
Los pájaros vuelven a sus hogares
y empiezan a hacer sus nidos,
brincan y cantan emotivos
se ven por todos lugares.

La vida sigue su renacer,
después del largo hibernar,
todo comienza a florecer,
cambiando el ambiente por todo lugar.

El cerezo se cubre de flores.
La vida vuelve a las plantas,

todo retoña y los arboles

se vuelven a cubrir de retoños verdes.

El frío se empieza a alejar,

da paso a una estación más templada.

Primavera, estación de esperanza

porque la vida vuelve

y con ella vuelve nuestra confianza.

Verano caluroso

Te esperamos con ansias,
suenas a vacaciones,
para unos eres descanso,
para otros diversión,
para otros eres, verano ardiente,
música, playa y pasión.

Me suenas a calor,
días largos, juegos en el exterior.
Viajes, salidas y reuniones.
Caminatas de verano,
fatigas con tu calor.

Verano, caliente,
tu naturaleza hace que te añore
me gustan tus días que se visten
de tonos azules, cálidos dorados.
Con tus días largos y despejados
pierdo la noción del tiempo
me entrego a actividades
entre el calor y el entretenimiento.

Tiempo de otoño

Tiempo de otoño,
verano fugitivo,
crepúsculo en penumbras,
antesala de invierno.

Gigante dormido
que acumulas tus recuerdos
que me anuncias temporada fría
que me susurras encuentros fallidos.

Tiempo de otoño,
vagabundo ambulante,
sollozos impotentes,
penumbras desgastantes.

Tiempo de otoño,
tarde de mi vida,
columna desgastada,
callejón sin salida.

Llegada del otoño

El sol cambia su posición,
la tierra lo recibe en menor porción,
lo fresco del otoño aparece,
logrando que me embelese.

El otoño ha llegado
con sus tonos coloridos
y los recuerdos de antaño
nos ponen un poco distraídos.

Tiempo de otoño,
divina ilusión,
nostalgia añorante,
sueño del corazón.

Tus colores me atraen,
tu ambiente me ilumina
tu frescura se siente,
tu paisaje me domina.

Tiempo de otoño,
colorido y nostálgico,
otoño en mi vida,
libertad florecida.

Invierno

La nieve en los tejados,
el fuego en la chimenea,
la nostalgia y la lejanía,
de los seres que añoras.

Silencio en los callejones,
frío de ausencia en mi alma,
lluvia tenue y calmada,
que lleva mi mente a las memorias.

Cielo gris y nublado,
calma y silencio lejano,
días cortos,
oscuridad prolongada.
Tiempo que pasas lento,
y yo, huyendo y desconectada.

Invierno mágico,
silencio en mi mente,
calma y pasividad;
de la belleza,
sabia humildad.

Creatividad

La naturaleza nos muestra su creatividad desde el amanecer hasta el anochecer. Esa flor que brota. En su interior muestra su creatividad, cada botón contiene dentro de sí, la sustancia que los sustenta. Es nuestra maestra, nos enseña que también nosotros podemos usar nuestra creatividad innata.

La creatividad la tenemos todos porque es nuestro estado natural del ser, es por eso que hemos evolucionado. La raza humana hemos aprendido a lidiar con muchos retos, desde que el hombre aparece en la tierra hasta el presente. Algunas cosas han cambiado, ahora ya no es necesaria la fuerza física para cazar los alimentos, sino que en estos momentos, la cooperación sería nuestra arma más poderosa. Debemos darnos cuenta de esto y pasar a trabajar en equipo para lograr nuestros proyectos. Usemos nuestra creatividad para transformar el mundo en un sitio donde todos usemos nuestros talentos.

Talento

Hacer poemas es creatividad.

Es usar la imaginación.

Es Talento y es verdad,

lo que trae la creación.

Fluye al instante y al momento,

surge de adentro al construir,

te lleva a lugares con ilusión.

Y hasta te pone a sonreír.

Todos en sí lo tenemos,

y hay que desarrollar.

Para unos es mucho menos

difícil de proyectar.

El talento para algunos,

es sencillo y muy fluido.

Para otros es olvido,

que hasta olvidan lo vivido.

Muchos a veces sorprenden

de lo que de ellos sale.

Te lo muestran cuando aprenden

a valorar lo que vale.

El talento es en parte
un estado natural.
Si lo que haces es coherente,
te sacará del umbral.

Te llevará a lugares loables,
a crear muchas historias.
Te llevará hasta que hables
de la vida que tú adoras.

Si tienes algún talento,
pero tú aún no lo sabes.
Te invito a ver el cuento
que creaste a raudales.

La vida que llevas ahora
te lo muestra día con día.
Si ves que el talento aflora,
llénate de esa alegría.

Disfruta de lo que haces.
Y si resulta algún cuento,
no lo dudes muchas veces.
Lo que aflora es tu talento.

Aquí te espero

Ya no puedo dar marcha atrás,
mi corazón no aguantaría;
por más que no quiero te vas,
no pensé que esto me dolería.

Tu ausencia me entristece,
tu lejanía se avecina;
por más que evito aparece,
el dolor de no tenerte me calcina.

De pronto veo una nota,
que me dice "aquí te espero";
la esperanza en mí corazón brota,
como en las noches, un lucero.

Y mi alegría aumenta de ritmo,
acelera mi palpitación;
a lo lejos escucho el himno,
que llena de alegría mi corazón.

Me cambiaste tu cielo

El gris del cielo me fascina,
ilumina mi horizonte,
así como la llama fulmina,
tu cielo culmina en mi monte.

Hoy me cambiaste tu cielo,
mi corazón saltó al verlo,
cambió todo al momento,
su movimiento es intenso.

Las nubes viajan presurosas,
formando figuras cambiantes,
lo veo y al segundo es diferente,
son figuras ambulantes.

Busco figuras en las nubes,
las atrapo cuando miro al cielo.
Las atrapo y las veo,
las capturo y se quedan como velo.

Parecen figuras de algodón,
otras parecen merengue,
algunas parecen explosión,
que en el azul del cielo se pierden.

Observo y veo al cielo,
las nubes se ven más espesas,
espero la lluvia con ansias,
también con ansias deseo que aparezcas.

Oigo una bandada de cotorros
buscando refugio en los árboles,
se oyen desesperados
por llegar a sus hogares

Yo soy el observador
mirando pasar la vida,
cuando observo con conciencia,
dejo de estar distraída.

Gracias por compartirme tu cielo
tu cielo y el mío son uno,
entre ellos no hay fronteras,
están, tú ves el tuyo y yo veo el mismo.

Me observo

Me observo y me descubro,
dichosa en lo que hago,
me descubro y me observo,
jubilosa y a escribir me entrego.

Observo el esplendor del paisaje,
paisaje urbano y quieto,
el sol alumbra de pronto
y nos recuerda su linaje.

Me observo y me capto
desechando un suspiro
que transforma el extracto
del ambiente que admiro.

Me observo y encuentro
jugando con mis recuerdos
lo que no invento aparece
lo que encuentro me complace.

Me observo y me veo
irradiando armonía
mi interior se transforma
con la luz del pleno día.

Vivir como niños

Estoy inmersa en el presente,
lo vivo a cada instante,
me doy cuenta de lo que pasa
y lo percibo sonriente.
Estoy inmersa en la fragancia
de la rosa con rocío,
la percibo por su aroma
y siento un escalofrío.

Observo de pronto a lo lejos,
unos niños jugueteando;
escucho su alegría
y me uno a su sintonía.
Me parecen muy creativos
al inventarse sus juegos,
sonríen y se ven felices,
tanto, que quiero ser como ellos.

Es ahora cuando entiendo
las palabras de Jesús:
"tienen que ser como niños"
e irradiarse en su luz.
Comprendo que la inocencia
de lo que Cristo hablaba en su tiempo

es que los niños expresan coherencia
al jugar y ser auténticos.
Los niños no llevan mascaras
pues siempre dicen la verdad.
Somos los adultos los que programamos
a los niños a corta edad.

Otra cosa que observo
en los niños al jugar
es que rápido les pasa
la ira o el malestar.

Quiero ser como un niño,
aprender de su inocencia,
quitarme cualquier máscara
tan pronto como aparezca.
Quiero ser alegre como ellos
y expresar mis inquietudes;
los niños son mis maestros,
me alegran sus actitudes.

Mi poeta

Tengo un poeta que me regala poemas.

Ese poeta es dulce y tierno.

Está en mis sueños y en mi imaginación.

Basta con pensarlo para que aparezca.

Mi poeta sabe que aquí lo espero,

y que cuando menos piense

me visto de verde.

Lo rescato y nos vamos

el universo a explorar,

pues nos gusta el arte de volar.

Él trae un disfraz de día de carnaval,

lo reconoceré,

pues nuestros corazones

se perciben a lo lejos.

Y aunque sólo sea de lejos,

lo descubriré en el desván

y con él me perderé

por este mundo de ilusión.

Nadie nos podrá ver

pues en nosotros está instalada

la invisibilidad.

Sólo dame una señal

para emprender el viaje

y practicar el arte de volar.

A la amistad

"Algunas veces, encuentras en la vida una amistad especial: ese alguien que al entrar en tu vida la cambia por completo. Ese alguien que te hace reír sin cesar; ese alguien que te hace creer que en el mundo existen realmente cosas buenas".

Pablo Neruda.

Este poema lo dedico a todos mis amigos y amigas que he tenido. Todas esas personas que se han cruzado en mi vida y la han enriquecido con su presencia. Decimos mucho que un amigo es un tesoro y yo lo he comprobado muchas veces, a esto también añadiría que un amigo es compañía en las buenas y malas, cooperación en el trabajo de equipo, sabiduría en el momento de darte un consejo, comprensión cuando uno se encierra en su necedad y libertad cuando se trata de tomar decisiones. Gracias a todos mis amigos por su Amistad.

Amigo

Amigo del alma, eres en la calma
Amigo del tiempo que vivo a destiempo.
Amigo del poder que está por doquier
Amigo del viento que endulza mi aliento.

Amigo sincero que irradia un lucero.
Amigo y Amor que vive el candor.
Amigo te espero y sé que te quiero.
Amigo espacial y también especial.

Amigo, tú llenas de luz mi camino.
Amigo, te veo y también te creo.
Amigo, eres infinito y también bendito.
Amigo, me aquieta, mi felicidad es completa.

Amigo, me entiendes y veo que comprendes.
Amigo, corazón que está en el buzón.
Amigo, te quiero y también te espero.
Sigue aquí conmigo mientras tú lo quieras.

Amigo, que sepas que siempre eres libre,
porque eres reflejo de la libertad,
y eso es muy cierto, pues es mi verdad.
Amigo, descubre siempre tu poder,
pues todos sabemos lo que siempre es.

Amigo completo y veo que no miento,

Amigo por siempre constancia y aliento.

Amigo que estás y nunca te vas.

Amigo, sólo eso, porque sé que estás.

Alegría de vivir

La sensación de alegría al amanecer,

la dicha de saber que estoy viva,

la dicha de tener amigos que me saludan

y que aunque estén lejos se siente su presencia.

Soy muy afortunada de tener muchos amigos,

de saber que cuento con ellos

y que alientan mi camino.

Mi vida no sería la misma

si ustedes faltaran,

eso añade en mí la alegría de vivir.

La alegría de sentirme sana y fuerte,

compartiendo mis vivencias,

desde que era adolescente.

Quiero tener una Amiga

Quiero tener una Amiga sincera.
En la que pueda confiar,
a quien pueda contarle
mis alegrías y mis tristezas;
mis logros y mis fracasos.
Una Amiga que me levante si llego a tropezar,
que me tienda su mano y ayude a levantar.
Una amiga sincera que en mí pueda confiar,
que yo le ofrezca mi oído para escucharla,
mi hombro para que repose.
Una Amiga que sepa que estoy ahí,
que se sienta acompañada
en los días de alegría o de dolor.

Una Amiga que exprese sus
sentimientos, sus emociones,
que sepa que puede vaciar costal
en cualquier momento de aflicciones.
Una Amiga confiable quiero tener.
¡Y esa Amiga quiero ser!

Poemas varios

Variedad, diversidad, pluralidad, multiplicidad, todo eso y más conseguimos en nuestras vivencias. Son únicas, variadas y a la vez parecidas.

Podemos estar en el mismo lugar, pero la vivencia puede variar.

Percibimos como somos, no lo que es.

Mar inmenso

Mar, estás pegado a la tierra
como un caracol a su concha,
como una molécula
que al unirse a otra
forman un compuesto perdurable.

Tu grandeza es inmensa
y tu profundidad me sorprende,
a veces tu brisa es densa,
tanto que tu visión se pierde.

Me conmuevo con tus olas,
unas grandes y otras pequeñas,
que las jala la marea,
y chocan cuando se encuentran.

Por más que intente entender,
mi imaginación se queda corta.
Mar, eres inmenso
 y el observarte me trae descanso.

Mi Amor no tiene señal

Mi Amor no tiene señal,
está perdido en la nada,
la salida hacia la espera
y la noche tan oscura.

Mi Amor no tiene señal,
no se encuentra a él mismo,
lo que sé es que al final
saldrá pero del abismo.

Mi amor no tiene señal,
es sorprendente decirlo
sólo sé que encontrará
una forma para unirlo.

Mi Amor no tiene señal
porque es Amor celeste
se forja con las vivencias
y se entrega sin que cueste.

Mi Amor no tiene señal,
pues al final es muy sencillo,
despierta ante el umbral
del Amor puro y con brillo.

Yo quiero sentirte

Yo quiero sentirte,
como viento en mi cara,
como brisa en mi alma,
como luz a mi andar.

Como lluvia en calma,
cual te gusta mirarla,
como el viento en otoño,
como el sol que ahí está.

Como sol que te abraza,
como niebla de brisa,
tu belleza en la rosa,
cuando acaba de abrir.

Quiero darte mi vida,
porque así lo decido,
y sanar esa herida
que el pasado causó.

Quiero estar en tu vida,
y sentir que me cuidas.
El poder del ahora,
nos hará renacer.

Tus besos

Tus besos,

suaves inventos,

que mis labios esperan.

No tardes con tus besos,

que si tardas,

mis labios que de deseos mueren,

se secarán y morirán en la espera.

Tus abrazos,

cálidos lazos

que me sostienen y me aprietan

cual soga, que me acordona

y ya no me suelta.

No tardes con tus abrazos,

que si tardas,

me moriré en el camino,

hacia mi encuentro contigo.

Pasión de sueños

Tiempo, momento infinito.
Eco de mis palabras en tu mente.
Razón de ser, vida ardiente
Crepúsculo insondable y latente.

Ambiente sutil que desmorona.
La llegada del crepúsculo en oriente.
Pasión desbordada de ternura.
Sueños vividos de locura.

Ilusiones dormidas con el alba.
Besos no dados y deseados.
Deseos y pasiones construidas.
Laberinto perdido en tu mirada.

Sueños de niños juguetones,
sonrisas alegres que contagian.
Caricias juveniles desbordadas.
Vivencias perdidas en la nada.

Navegantes de sueños naufragados,
corrientes desbordadas de ternura,
corazones que suspiran enamorados.
Manantiales de agua fresca y pura.

Agonía de muerte al extrañarte,
visitante vagabundo abandonado.
Brisa de mar, viento de otoño.
Suspiros del alma enamorada.

Quiero perderme en tu regazo,
encontrarme de pronto ahí contigo.
Despertar y ver que no fue un sueño.
Que sí estas y que inventamos.
Pasión de besos deseados.

¿Por qué te nombro?

¿Por qué te nombro cuando te sueño?
¿Será que al estar despierta
no te puedo yo nombrar?
¿O será que en mis sueños
no hay nadie que lo pueda evitar?

Mis sueños son plácidos
porque tú estás en ellos,
mis sueños son muy lúcidos
que puedo ver sus destellos.

Te nombro en mi soñar
y te nombro al despertar,
si despierta estoy, te sueño,
y así quiero continuar.

Para mi despertar falta mucho,
porque quiero seguir en mis sueños,
en el sueño estamos juntos,
y del mundo somos dueños.

De ti no quiero alejarme
y no quiero despertar,
como dormida te sueño,
temo mucho a despertar.

Temo porque si despierto,
temo que no estés aquí,
temo porque sólo quiero
tenerte cerca de mí.

Sueño, laberinto o realidad

De pronto me encuentro

en un laberinto

y me cuento un cuento

y creo que lo invento

porque quiero convencerme,

que ese cuento se lo llevará el viento.

Lo que me cuento es pura ilusión,

y me aferro a eso por pura aflicción.

Quiero ver la verdad,

en esto que yo me cuento,

y me observo para ver

qué es lo que estoy sintiendo.

Me observo y me pregunto

¿Qué es lo que está pasando?

Y camino por el mundo,

otro cuento inventando.

Caminamos por la vida

esperando estar atentos,

¿son sueños o son palpables inventos?

Parecen tan reales

que no parecen ser cuentos.

Avanzamos por el mundo
muy felices y contentos,
y nos vemos inventando
juntos otro laberinto.

No queremos que nos busquen,
mucho menos que nos encuentren,
y sellamos las entradas
de ese iluso laberinto.

Nos perdemos en el medio
de ese nuevo laberinto
nuevas cosas vamos viviendo
y un romance apasionado
y nos sorprende la tarde,
de nuestras vidas pasadas.

Muchas cosas han pasado
en este poquito tiempo,
y de verdad me la creo,
que no me hace falta ese invento.

No quiero estar marcada
en esa caja marginada,
y me salgo de su prisión
a entregarte mi pasión.

En los sueños de momento

todo se puede inventar.

No me sorprende que de ese invento

ya no quiera despertar.

Sueño contigo

Sueño contigo
aunque estoy despierta.
Balbuceo una canción
que me hace recordarte.
Escucho la canción
que sirve para pensarte,
me arrullo con el murmullo
de los grillos en la puerta.

Siento en mi pecho la armonía
que tengo desde que llegaste.
Déjame vivir este momento,
no te alejes de mí te lo ruego,
que el tiempo que perdí al tenerte lejos,
lo recuperaré en muy poco tiempo.

Déjame saber que sientes,
procuraré escucharte siempre,
dormirme en tus brazos fuertes,
sonriendo y soñando alegres.
Que sean sueños de adolescentes,
que sean motivos para sonreír,
que sean esas locuras,
que no te dejen partir.

Un adiós

Un adiós no me gusta.
Lo siento como una despedida.
Despedirme de ti me asusta,
y me deja confundida.
Un adiós es muy drástico.
Lo siento como un hasta nunca
mejor te digo nos vemos,
Mejor te digo: ¡Ahora vuelvo!

El pensar en un adiós me trunca.
Dime un hasta luego,
o simplemente un hasta pronto.
Esos me dan la esperanza
de que te veré de nuevo.

El adiós es como morir
e irnos a otro lugar.
Lo practicaré porque al final
todos tendremos que marchar.

Pinté el Amor

Te volvería a encontrar
y pintaría el Amor.
En una nueva aventura
conquistaría las nubes
y las estrellas capturaría;
para hacer una corona
que alumbre el firmamento
y encontrarte pronto,
si es que algún día te encuentro.

Me escaparía del mundo
buscando nuevos horizontes,
atraparía la alegría,
la felicidad llevaría a los montes.
Conquistaría los colores
y conmigo los llevaría
para pintarte el Amor
y todo un mundo de flores.

Me escaparía contigo,
me perdería en el bosque,
me buscaría una cabaña,
y ahí me quedaría escondida
por todo la vida eterna,

pero dicho mejor,

por la eterna vida nuestra.

Pinté el Amor,

y también pinté los sueños,

apareció un mural,

dónde sólo hay lugar para soñar.

Ven, y cuéntame un cuento

Ven y cuéntame un cuento.
Llévame a soñar por el firmamento.
Ahí donde van los que saben imaginar.
Un cuento que me llene de ternura,
donde las almas se unen
expresando su dulzura.

Un cuento de infantes,
donde se cree que sólo hay verdades.
Ahí donde los grandes
no saben qué son maldades.
Donde los soñadores
pueden inventar historias.

Ven y cuéntame un cuento
que me lleve a pensar
que todo lo que inventamos
es perfecto.
Donde la belleza es siempre la misma.
Donde chicos y grandes
escuchan su propia melodía.
Ahí donde el Amor
se refleja en un prisma,
lleno de colores y algarabía.

Cuéntame un cuento
que me haga suspirar,
que me llene el corazón
de esperanzas por mirar.
Un cuento de locos
que salen de sus realidades.
Que vuelan por el universo
sin ocultar sus verdades.

Ven, y cuéntame un cuento.

Relativo

Una semana es un siglo
cuando no sé de ti.
Una semana es eterna,
si estás lejos de mí.

El tiempo pasa lento,
será que el tiempo es relativo
o será que mi deseo
de sentirte cerca es obsesivo.

Me siento verdaderamente alegre
charlando contigo,
compartimos ideas,
compartimos ternura,
compartimos vivencias,
y una que otra locura.

Mi vida ha sido valiosa
desde que tú estás en ella.
Mi vida desde que tú apareciste
ha dejado en mí una huella.

Prisioneros en casa

Puedo confiar en mi instinto
y ver que algo anda mal.
¿Qué es?
¿Qué me hace atormentar?
Estamos prisioneros en nuestra propia casa,
se han inventado una epidemia,
¿qué es lo que les dejará?

A nosotros nos deja preguntas sin contestar,
a otros les deja miedo a lo que vendrá.
Otros quieren aumentar sus riquezas,
a costa de la humanidad.

Muchos aprovechamos para interiorizar
otros rezan de miedo, no saben qué pasará.
Debemos estar alertas
y proponernos mejorar.
Cuando todo esto pase
a una nueva conciencia nos llevará.

Cuando tú no estás

Cuando tú no estás hablo con el silencio,
me acompaña la música
y con ella te recuerdo.
Cuando tú no estás
converso con las estrellas,
observo el cielo lleno de ellas.
El tiempo no pasa, se ralentiza,
la luna aparece y me hace compañía.

Cuando tú no estás mi camino se hace largo,
los árboles me ofrecen su sombra,
el sol me recuerda que el calor
a veces estorba.
La hierba le agradece al sol
por ayudarla a realizar su función.

Y de momento el viento sopla,
la lluvia cae tenue y sospechosa
me trae tu recuerdo
cuando las gotas caen
sobre mi cuerpo y lo mojan.
Cuando tú no estás pasa la vida,
la disfruto, pero nada es lo mismo,
cuando tú no estás.

A mis maestros

Las huellas que dejan en el camino me ayudan a representar la influencia que han tenido en mi vida mis maestros. He tenido la dicha de tener muchos maestros que han influido para que yo viva mejor. Con sus enseñanzas me han ayudado a ver la vida de otra manera, han formado parte de mi desarrollo personal. Cada huella que dejan por el camino es sabiduría que comparten con sus alumnos.

Gracias a mis maestros.

La información se pasa de generación en generación, de abuelos, padres a hijos. Pero también hay Maestros que nos enseñan lo que estamos dispuestos a aprender.

Somos buscadores por naturaleza, aprendemos las cosas que estamos dispuestos a aceptar, a utilizar y a aplicar en nuestra vida.

Se dice que cuando el alumno está listo, el Maestro aparece.

Este segmento lo quiero utilizar para todos mis maestros desde que tengo uso de razón, regresándome en el tiempo me doy cuenta de que sin ellos no tendría el conocimiento que ahora tengo.

También por los maestros que aún no conozco.

Soy el observador

(Para Robert Lanza)

Soy el observador
expresando lo vivido.
Soy el observador
y me pregunto, ¿para qué olvido?

Soy el observador
aprendiendo a ser coherente.
Soy el observador
y puedo sanar la mente.

Soy el observador
expresando una creencia.
Soy el observador
y aprendí lo que dice la ciencia.

Soy el observador
aprendiendo a no hacer juicio.
Soy el observador
metido en un orificio.

Soy el observador
aprendiendo a observar.

Soy el observador
me quiero desprogramar.

Aprendo a observar
y al observar la información,
a la partícula en onda
hago colapsar.

Si a lo observado
logro hacerlo consciente,
mi conciencia crece,
creciendo así lo que observa.

Si a lo observado
lo dejamos en la vieja usanza
a la conciencia despertamos
nos lo dice Robert lanza.

Robert Lanza es un científico
nos libera del antagonismo
nos habla del observador activo
en su libro Biocentrismo.

Enric ha sido mi Maestro desde el 2012. Con el he aprendido el método de la bioneuroemoción, aprendí acerca de la importancia del árbol genealógico, pero más acerca de la autoindagación. La conciencia de Unidad y cómo nuestros hermanos nos enseñan a conocernos, especialmente, cuando vemos algo en el otro que no nos gusta (espejo). Nos enseña también que hay otra manera de vivir. Con él sigo aprendiendo un curso de Milagros. Gracias, Enric, todo es más sencillo cuando tú lo explicas.

Enric Corbera

Simplicidad es su bandera,

claridad en sus enseñanzas.

Coherencia en sus actos,

amor para los humanos.

Aunque no es de este mundo,

sí que nos tiende su mano.

Cariño y corazón son sus escudos,

cero juicio y comprensión son sus preceptos.

Inocencia, Amor, entendimiento,

cariño, no sufrimiento.

Cautiva a las masas con su mensaje,

aunque eso a él le da lo mismo.

Paz interior se le suma,

pues en su corazón existe el cariño.

Un curso de Milagros

es su principal enseñanza,

maestro y alumno se considera

pues en este mundo dormidos estamos

y como nuestro hermano

ayuda a despertarnos.

A despertar Enric nos invita
de regreso a casa nos lleva
a recuperar nuestro poder nos enseña,
eligiendo Vivir de otra manera.

No le gusta que le agradezcan
pues piensa que el no es el hacedor,
aún así gracias, Enric Corbera,
por enseñarme a vivir en el Amor.

Este poema fue inspirado en la información del Dr. Joe Dispenza. Al igual que el poema "Estado del Ser Interior" que se encuentra al principio de este libro. Sus libros desarrollan tu cerebro. *Deja de ser tú* y *El placebo eres tú* han dejado huella en mi vida.

Gracias, doctor Dispenza, por su trabajo que ofrece a la humanidad.

Alimenta tu cerebro

Es inmensa la emoción que siento,
sólo de imaginar los cambios
que suceden dentro del cuerpo,
cambios que opera mi imaginación,
ya soy consciente de que son míos.

Se altera mi ritmo cardíaco,
la presión sube y se eleva,
y de mis ojos calladas brotan,
lágrimas que por ellos se filtran.

Es una sensación de admiración,
es un gusto interminable,
muy interesante y agradable
el saber y conocer, esta reacción.

Pensar que puedo hacer cambios,
con sólo cambiar un pensamiento;
respiro absorbiendo oxígeno,
mis neuronas buscan alineamiento.

Todo el cuerpo se adapta,
a otro cambio de conciencia;
alimentado el cerebro capta,
y cambia las neuronas sin dolencia.

Saber que puedo modificar mi cerebro,

Es una alegría inmensa;

lo aprendo y lo celebró,

junto con el doctor Joe Dispenza.

Otro de mis maestros es el doctor Deepack Chopra, sus libros me han ayudado a entender la sinfonía de la vida. Su libro *Sincrodestino* inspiró este poema. Gracias, Dr. Chopra, por sus aportaciones a nuestro conocimiento.

Sinfonía y ritmo

La naturaleza es una sinfonía

que baila al ritmo de una melodía.

Todos formamos parte de ella.

Sus ritmos sincronizados

son ciclos armonizados.

Las aves volando en parvada

son una muestra de eso.

Vuelan y se armonizan a un ritmo

que todos nos sorprendemos.

Las abejas son otro ejemplo

de toda esa resonancia.

Mientras la reina esté viva,

la colmena muestra coherencia.

Las emociones y el estrés

pueden bloquear la armonía,

interrumpiendo la información,

que nos envía el campo en sincronía.

La ira y la hostilidad

son emociones corrosivas,

desordenan el campo sincrónico

y paralizan el estado armónico.

No es casualidad,
que todo esto suceda,
se le llama resonancia,
a este proceso de inteligencia.
Las células de nuestro cuerpo
practican este proceso,
se comunican entre ellas,
para formar sus procesos.

También nuestro corazón
forma la interconexión,
desarrollando el proceso,
que es electrocución.

El campo electromagnético
que se forma en el corazón,
tiene la característica
de formar el diapasón.

Cuando entendemos esto
que nos explica la ciencia,
entendemos que la tierra
manifiesta ciclos y ritmos
en su esencia.

Por eso es que somos uno,
y todos estamos unidos;

cuando todo se sincroniza
al Sincrodestino nos unimos.

El universo es un enorme reflejo
de ti en tu conciencia,
es en pocas palabras
el alma de todas la cosas.
Hay que fluir con la vida
para estar sincronizados,
la vida es productiva
si todos con ella vibramos.

Reflexiones

Las reflexiones son un alto, son parar el tiempo para pensar si vamos por el camino correcto.

La Vida nos lleva por lugares incógnitos y nos toca a nosotros decidir si queremos seguir ese camino o lo modificamos y lo moldeamos para seguir nuestra ruta elegida. Somos nosotros los que elegimos.

Así como ese árbol refleja su imagen, así nosotros nos reflejamos en nuestros prójimos (ley del espejo).

Condicionamiento

Estamos acostumbrados a estar condicionados

que si somos de un país

que si somos de una ciudad

que si somos mejores

que si nuestras creencias valen más

que si nuestros valores

que si nuestra religión

que a cual equipo le voy, en fin,

es mucho el condicionamiento que recibimos.

Hagamos algo hoy:

salgámonos de esas cajas clasificadoras

y expandamos nuestra visión,

¿qué tal si somos ciudadanos del mundo?,

¿qué tal si perteneces a la humanidad?,

¿qué tal si en lugar de ser religioso

ejercemos nuestra espiritualidad?

¿Qué tal si no anteponemos la raza, ni el color, ni el equipo ni el idioma?

¿Qué tal si nuestro escudo es el corazón?,

¿qué tal si el orgullo lo trascendemos al Amor?

¿Qué tal si al ego le ponemos una cuartada?

Fácilmente veríamos las cosas

de otra manera.

Te propongo que lo hagamos,

no sólo lo intentemos.

Dualidad

La oscuridad no existe,

sólo es ausencia de Luz.

La tristeza no es real,

sólo es falta de Alegría.

El sufrimiento es una forma de vivir,

pero hay otra que se llama felicidad.

El dolor sólo se siente

cuando hay falta de dicha.

La salud es la expresión

de la ausencia de enfermedad.

La noche es lo opuesto al día.

Lo bueno es contrario a lo malo.

Vivir en la dualidad

consiste en juzgar los opuestos,

en ponerles etiquetas

y polarizarnos en uno u otro.

Vivir en la unidad

quiere decir integrar los opuestos,

es permitirnos estar en el sendero del medio,

saber que mientras estemos en este mundo

experimentaremos ambos

para poder aprender,

descubrir que todo es perfecto,

ver lo mejor de cada situación,

saber que estás ahí para aprender

y avanzar siempre hacia nuestro propósito,

usar cada instante para crear o cambiar
lo que en algún momento no nos guste.

Pero sobre todo, saber que lo único
que tenemos es el poder de elegir.

Elegir sufrir o elegir gozar,

elegir Vivir con Amor o morir sin esperanza,

elegir Vivir en paz o Vivir en guerra.

Elegir no decir sí cuando quiero decir no,

elegir Amar o elegir odiar.

Todo es una elección

y tienes derecho a hacerla,

la única diferencia está

en hacerlo con conciencia.

Paciencia

Sé paciente para realizar cualquier objetivo.

Las cosas que valen la pena llevan su tiempo.

El tiempo en sí es relativo,

enfócate en tu presente

y eso será suficiente,

lo demás viene solo.

"La paciencia se manifiesta en confianza,

en decisión y en un sentimiento de satisfacción".

Wayne Dyer.

"La paciencia infinita produce
resultados inmediatos,

un sólo día a la vez produce resultados eternos".

Un curso de Milagros.

¿Qué hay más allá?

Puedo percibir el olor a tierra mojada.

Pero, ¿qué hay más allá?

Puedo ver la hierba y sentir su olor.

Pero, ¿qué hay más allá?

Puedo explorar los confines de la tierra

y deleitarme con sus paisajes.

Pero, ¿qué hay más allá?

Puedo ver la majestuosidad de los árboles.

Pero, ¿qué hay más allá?

Veo a los seres humanos ir y venir y me pregunto

¿Que hay más allá?

Me puedo perder en mis recuerdos,

pero, ¿qué hay más allá?

Observo y me adentro en el mañana

y me pregunto,

¿qué hay más allá?

¡Es la vida!

Una alegría inmensa danza en mí interior,

la vibración y la unión con todos los seres vivos
me llena de sensibilidad.

La resonancia con la que las abejas se comunican con la colmena,

me enseñan que no importa la distancia,

me comunico con todos.

La atracción hacia tu Ser Superior que nos envuelve en esa matriz Divina.

La certeza de saber que fui, soy y seré, sólo porque tú así lo has querido.

Quiero una vida

Quiero una vida donde yo decido ser feliz,
sin esperar que alguien me haga feliz.
Una vida con libertad emocional.
Una vida donde descubra cada día
el ser yo misma y no vivir por vivir.
Quiero una vida libre de expectativas
donde sólo cuente conmigo
porque sé que el todo está en mí
y yo estoy en el todo y con todos.
Quiero una vida
donde existan todas las posibilidades
y donde yo permita que se me dé
la que sea mejor para mí.

DIOS AMOR así lo quiere también.
Una vida donde yo conscientemente
acepto los dones de dicha, paz, y armonía
y los comparto con todos.
Una vida para vivirla plenamente,
sin miedos, sin traumas, sin limitaciones.
Quiero una vida.

Rendirse a lo que es

(Eckhart Tolle)

Hacer una cosa a la vez.

Eso es fluir con la vida.

Poner toda mi atención a esa acción.

Eso es rendirse a esa atracción

que te da la sensación.

Cuando me rindo, dejo ir,

libero así el estrés.

Mi aceptación de lo que es

me lleva a un estado donde dejo de percibir.

Cuando digo sí, a la vida como es,

cuando acepto este momento,

puedo sentir dentro de mí,

un espacio profundamente pacífico.

Permito que se exprese este momento,

lo acepto tal como es.

Rendirse es aceptar y estar atento,

no crear alguna historia

y luego resignarse a eso.

La rendición llega cuando dejas de preguntar,

¿por qué me está pasando a mí esto?

Cada situación tiene su sentido

y cada momento lleva consigo,

la semilla de la gracia.

Ahí es donde se encuentra la paz

que supera toda comprensión.

La aceptación de lo inaceptable

es la mayor fuente de gracia en este mundo.

A veces rendición significa renunciar

a tratar de comprender

y sentirse cómodo en el desconocimiento.

Deja la Vida en paz. Déjala ser.

Sé coherente

Aprende a ser coherente contigo mismo.
No hagas cosas que no quieres hacer,
pregúntate, antes de decir sí.
¿Quiero hacer esto?
Está bien saber decir no.
La gente que no es coherente
es la que se enferma,
la víctima busca victimarios.

Elimina la culpa de tu vida.
La culpa busca castigo.
Sé feliz, ese es tu único propósito.
Si aplicas estos pequeños consejos a tu vida,
tendrás paz y tranquilidad.
Ser feliz, no es difícil.
Ser feliz, es dejarse llevar,
fluir y esquivar las barreras que nos obstaculizan.
La vida es fácil de vivirla fluyamos con ella.

Los sueños continúan…

En el despertar por la vida…

Agradecimientos

Agradezco de una manera muy especial a todas las personas que lean este libro.

Gracias a todos los que han participado para que este trabajo se realice.

Gracias a mis maestros, que han sido quienes me han ayudado a comprender mejor la vida. En este caso, no menciono a ninguno porque son muchos y todos tienen la misma importancia para mí.

Gracias a la inspiración. Gracias a los sueños y a los soñadores.

Gracias al sueño, al despertar y a la imaginación. PJ13

CPSIA information can be obtained
at www.ICGtesting.com
Printed in the USA
FSHW020637300621
82721FS